©사진촬영_ 박익범

유현아

아무나 회사원, 그밖에 여러분

애지시선 049

아무나 회사원, 그밖에 여러분

2013년 6월 17일 초판 1쇄 발행
2014년 9월 30일 초판 3쇄 발행

지은이 유현아
펴낸이 윤영진
편 집 함순례
디자인 함광일 이경훈
홍 보 한천규
펴낸곳 도서출판 애지
등록 제 2005-5호
주소 300-812 대전광역시 동구 대전로 867번길 46 (삼성동)
전화 042 637 9942
팩스 042 635 9941
전자우편 ejiweb@hanmail.net

ISBN 978-89-92219-44-0 03810

애지시선 049

아무나 회사원, 그밖에 여러분

유현아 시집

□ 시인의 말

한동안 시를 멀리한 적이 있었다. 그것이 시에 대한 나의 배려였다. 어느 누가 그랬다. 그만 우려먹으라고. 그 집착을, 그 비굴함을, 그 신념을, 그 가난함을, 그 비웃음을 그리고 그 이야기를.

나는 그것을 버리지 못하여 이렇게 내놓는다.

더 이상 멀리하지 않을 것이며 더 이상 동경하지도 않을 것이다. 이대로 삶을 우려먹으며 살려고 준비 중이다.

나의 첫 이야기인 아버지, 어머니께 두 손으로 부끄러움을 보낸다.

2013년 초여름

유현아

차례

제2부

제3부

제1부

내 가방 속 그림자

내 그림자가 하나일 거라는 고정관념은 버리는 게 좋아 처음부터 그림자가 많았던 건 아니야 너희들이 그림자를 잊고 지내는 동안 너희들의 그림자를 주웠을 뿐이야

밤이면 가방 속 그림자들은 기지개를 켜며 하나씩 튀어나오지 그리고 어느 틈엔가 창문이나 틈새에 딱 붙어 있어 그들의 일상은 붙어 있는 거야 유리창은 그림자들의 훌륭한 장막이 되기도 해 가끔은 유리창 너머로 슬며시 사라지기도 하지만 걱정 없어 내 가방 속에는 아직도 그림자들이 우글우글하니까

우울할 때면 난 가방 속에 숨겨 놓았던 그림자들 중 하나를 골라 공연을 하지 그림자들이 공연하는 모습을 본 적 있니 보고 싶다면 언제든지 초대해 줄 수 있어 하지만 너의 그림자라고 착각하지는 마 내 가방 속에 들어온 이상 너의 것은 없으니까

내 가방은 그림자들로 꽉 차 있어 어느 때건 원하는 모습으로 나타나주지 변신의 능력이 무궁무진한 그림자들이야 울고 싶을 땐 웃음의 방식으로 그림자를 펼치지 슬픔의 모양은 이울리지 않아

잠깐, 가끔씩 뒤를 돌아봐 혹시 아니 내가 너의 그림자를 줍고 있을지

가벼운 여우

아무도 모른다
나의 꼬리가 조금씩 아주 조금씩
비정규적으로 자라고 있다는 것을
일 년에 한번 계약서에 사인을 할 때마다
내 꼬리는 자라나려고 용을 쓴다는 것을
이런 더러운 퉤, 하고 나오고 싶어도
내 꼬리가 자라는 만큼 딱 그만큼 참는다는 것을

내년엔 혹시
계약서를 입으로 꿀떡 삼키고 나올 수 있다거나
들키지 않기 위해 꼬리를 물고 있을 수도 있다거나
꼬리의 털들이 무럭무럭 피어오를 수 있다는 것을
알 수 있을까

그러면
나의 찬란한 묘기를 보여주며
우왕좌왕 신호등에서 흔들리고 있는 저 사람들의

간담을 서늘하게 훔칠 수 있을까
내 꼬리가 자라면 나는 무거워질 수 있을까

하지만
계약서에 사인을 하는데 꼬리는 거추장스러운 일상일 뿐이고
나는 아무도 모르는 가벼운 여우인 걸
그러니까 제발 누구든 내 꼬리를 훔쳐갔으면 좋겠어

그날 사무실 풍경

#똑부

똑똑하고 부지런한 우리 과장님 아침 7시면 출근해 메일 확인하고 전자문서 확인하고 오늘은 누구를 중심으로 한바탕 소란을 피울까 고민하는 눈치 어떻게 하면 회사에서 인정을 받아 저 구린내 나는 의자를 벗어나볼까 전전긍긍 똑똑하고 부지런한 우리 과장님은 몇 올 남지 않은 머리카락이 서도록 아이디어, 아이디어 목에서 돼지소리가 날 때까지 부하사원을 잡도리하지

#똑게

똑똑하고 게으른 우리 부장님은 날고 있는 대세, 아니 대새 낙하산 타고 우리 부서에 비상착륙했지 멋진 우리 부장님 비상한 머리 휘날리며 진두지휘 의자 밑 발가락을 연신 꼼지락 꼼지락 가끔은 손가락을 밑으로 밑으로 말

한 마디 툭 던지고 오늘까지 마무리 우리들의 머리를 믿어 의심치 않는 전지전능 능력자지 낙하산 고이 접어 항상 등에 지고 다니는 똑똑하고 게으른 우리 부장님의 머릿속은 온통 잘난 척, 질난 척, 위풍당당 쌀릴 위험 없지 짜를 일만 남았지 누구를?

멍부

멍청하고 부지런한 우리 나 대리는 과장님보다 딱 30분 일찍 출근하고 딱 30분 늦게 퇴근하지 우편물 수거도 나 대리의 몫 오늘의 TV를 필두로 연예기사, 스포츠 기사 두루 흡입하고 정치 사회면 경제면은 패스 믿는 구석이 있지 나 대리는 부장님의 오른팔 아니 왼팔 오전 내내 김 대리에게 쫑알쫑알거리는 멍청하고 부지런한 우리 나 대리 오늘의 빅히트는 과장님의 명예퇴직 소식 아니 희망퇴직 소식 아니면 그냥 짤린 소식 대박 히트

멍게

멍청하고 게으른 우리 김 대리 오늘도 나 대리에게 당하고 있지 김 대리는 생각해 저 인간이 왜 그러지 그러나 그건 생각뿐 말로 내뱉는 것이 귀찮을 뿐 멍청하게 일을 하지 게으르게 꼼꼼하지 김 대리는 일어나지 벌떡 일어나지 과장님의 의자가 보이지 않아 이상하지 김 대리도 싫어했지 과장님을 싫어했지 하지만 김 대리는 이상해 이건 아니야, 라고 생각하지 멍청하고 게으른 김대리는 뛰어가지 의자를 찾아 뛰어가지

고슴도치에 대한 예의

그를 제발 혼자 놔두십시오
그는 외로움을 좋아합니다
그는 어울리는 것을 좋아하지 않습니다
다만 종족의 번식을 위해 가끔 거처를 옮길 뿐입니다
일정량의 감정이라도 얻을 생각이라면 치우십시오
잠은 시간의 낭비일 뿐이라며 전구를 켜 놓은 것은
그에 대한 예의가 아닙니다
그의 밤은 깜깜해야 됩니다
그의 밤은 살아 숨 쉬는 밤입니다
그의 낮은 자신을 옹호하는 고립감입니다
그는 절대 자신 이외의 것에 믿음을 가지지 않습니다
그는 좁은 우리를 뛰어넘어 세상으로 나오기도 합니다
그때는 물론 밤이지요, 그의 활동은 밤에만 활발합니다
그의 행복은 바닥을 치고 올라오는 우울이지요
그러니 그에게 절대 감정을 요구하지 마십시오
덧붙여 저에게도 그와의 방법으로 대하시기를

단골이 단골집에 대하여

단골집이라고 하기엔 어색했지만
가끔 안경다리를 바로 고치러 가곤 했던
나의 단골집 하나가 슬며시 사라졌다, 또

나를 포함한 단골들은 가끔
망루를 만들어 자리를 지키려 하지만
관절 없는 인형처럼 픽식 엎어지기 일쑤
간판 글자 중 9자가 없어져버린 99 안경점의
보이지 않던 고군분투는
내가 좋아하던 안경냄새와 함께 사라졌다
단골들에 대한 예의도 지키지 않고 사라진, 첫

자, 이제부턴
이투미용실에 머리를 들이밀 때도 쭈뼛거리며 기울여야 한다
오렌지마트에선 그림자처럼 물건을 사야 한다
언제 또 배신하고 사라질지 모른다

이제 안경다리를 어디에서 맞춘담?
단골집이 떠난 그곳에 햇빛을 뒤집어쓰고 있는
점포임대의 서성거림이란

나의 단골집은 당신의 술집보다 아름다웠던 것이었을까*
어쩌면 기억 때문에 추억하는 것이 아니라 냄새 때문에
기억하는 것일지도 모른다
안개처럼 희미한 나의 단골집들의 냄새가
골목을 위로하고 있는 저녁이다

* 코나의 노래 제목 〈우리의 밤은 당신의 낮보다 아름답다〉에서 차용

구두

구두를 신었을 때만 해도 하늘을 날 것 같았어
빛나는 스텝에 맞춰 왓뚜와리와리 춤을 출 수 있을 것만 같았어
유쾌발랄 좌판에 차례로 올려질 수 있다는 것을 상상이나 했을까
책상에 즐비하게 내놓은 소녀들에게 신겨줄 구두는 모두 작았어
발가락을 꺾고 발바닥을 반으로 접어도 들어갈 수 있을까
의심은 허구를 낳았지
소녀들 모두 구두를 신었어 아주 획기적인 일이었지
사방이 안개로 가득 찼기 때문에 구두는 차례로 신겨졌을 거야
밤 12시가 되어도 이제 돌아가지 않아도 좋아
허구는 의심을 낳았지
갈라진 구두의 틈에서 삐죽거리며 새순이 자라기 시작했어

접혀지고 구겨진 소녀들의 발이 드디어 일을 낸 거야
그렇다고 뾰족한 수는 없었지
벗을 수도 신을 수도 없는 어정쩡한 모습에 웃음이 터져 나왔어
사람들은 알까 소녀들의 발이 저토록 부풀어 오르고 있다는 것을
하지만 조금 지나면 소녀들의 발에서 구두를 벗겨낸 거야
새로운 소녀들은 많아
작은 구두를 신는 것이 최선이라고 믿는 소녀들 말이야
그게 다야 그게 다야
의심과 허구는 내 몸 속으로 스며들어 흉터가 되어가고 있을 뿐

활강하는 새들을 위한 잔소리

슬로우 슬로우 퀵퀵

슬로우 슬로우 퀵퀵

오늘 우리 아파트 13층에 기집애가 새로 이사를 왔어요

참 이뻤어요,

단발머리 촐랑거리며 단정한 교복치마 무릎 위까지 접어 올리고

신새벽 관棺같은 엘리베이터 타고 오르락내리락 하는 꼴이 참 이뻤어요

슬로우 슬로우 퀵퀵

작년 여름에도 13층에 사는 기집애가 이사를 왔거든요

개구리 눈마냥 툭 불거진 눈을 부릅뜨고 밤 12시에

참 이상하죠? 엘리베이터를 타고 내려가면 되는데 그 야밤에

베란다 창문을 통해 날아갔다잖아요 아마도 엘리베이터가 타기 싫었나봐요

슬로우 슬로우 퀵퀵

딱 일 년만이었어요 재작년 여름에 13층 기집애가 이사

를 온 것은

물에 젖은 빨래처럼 너덜너덜한 모습을 하고

비둘기처럼 날더니 땅을 향해 사뿐히 내리더라구요

슬로우 슬로우 퀵퀵

일 년에 한 번씩 새가 되어 날더니

이젠 6개월에 한 번씩 새가 되더라구요, 정말 지긋지긋해요

화요일엔 분리수거도 해야 하는 날인데 새똥도 치워야 하고

13층 기집애도 6개월에 한 번씩 눈을 마주쳐야 해요

빨간 똥을 치우는 날이면 몸속에서 허연 양잿물이 울컥 튀어 나와요

슬로우 슬로우 퀵퀵

왈츠를 추듯 날아다니는 고놈의 기집애들

우리 아파트 13층에 새로 이사를 왔어요

한숨 섞인 빗자루 들고 그 기집애 보고 있어요

슬_ 로_ 우_ 슬_ 로_ 우_ 퀵_ 퀵

슬픔이 웃길 때

무슨 말인가 하고 싶어 뻐끔뻐끔 입만 오물거리던 할머니의 죽음을 본 그날부터 죽음의 소식이 들릴 때마다 괜히 웃음이 나왔다 절대 웃지 않으리라 다짐했다 난 웃음을 잘 피해 다녔지만 가끔 가까운 죽음 앞에서 알게 모르게 입꼬리가 올라갔다 (왜 그러세요 다 알고 있는 죽음인데 왜 슬퍼요)

난 조심에 조심을 했다 죽음 앞에서의 웃음은 그것이 웃음이었는지 울음이었는지 식별할 수 없을 정도로

나 죽고 난 다음에도 웃을 거냐 (글쎄요 그건 장담할 수 없는데요)

슬픔은 가장 웃길 때 나타나곤 하죠 그럼 이 순간은 웃긴 순간이겠네

난 신 아무개를 잘 알지도 못했고 굳이 장례식장에 가지 않아도 되었고 조의금만 내면 되는 것이었는데 장례식장 그의 아내 앞에서 울음을 왈칵 토해냈다 나의 구멍은 온통 막혀 있어 이제 구멍은 눈뿐인 것처럼 통곡을 했고

사람들은 낯설게 바라봤고 모여들기 시작했다

(혹시 애인이세요 무척 친하셨나봐요 감사해요 울어주셔서)

그래요 완벽한 슬픔의 계산법을 알았어요 당신과 나 사이의 거리만큼을 계산하지 못했어요 객관적 사실만큼의 슬픔만 있으면 되었어요 할머니는 그걸 내게 알려주려 했는지도 몰라요 그 거리를 기억 못해 웃었던 거예요

나는 장례식장에서 가장 슬프게 우는 사람이라고 소문이 났다

그 노인의 애창곡

술만 마시면 상을 뒤엎는 막노동꾼 김씨
분리수거하는 화요일 전날 밤이면
어김없이 밤을 타고 슬며시 아파트로 넘어와
돈 되는 소주병과 맥주병만 골라가는 것을 나는 안다
그러나 아무도 모른다
막노동꾼 김씨의 이슬 맞은 군화의 비밀을

김씨의 애창곡은 〈한 많은 대동강아〉
카악카악
틈만 나면 뱉어내는 저것은 한많은 대동강일까
철원땅 반이 자기네 땅이었다고 언젠가
그 땅 다 찾을 거라며
일 없는 날 괜스레 아파트 놀이터에서 큰소리치다
경비들에게 건너편 주택으로 내던져지기 일쑤다

수십 년간 노동으로 단련된 그의 근육은 이제
상을 엎을 때만 필요해졌다

철조망이 가로막혀 다시 만날 그때까지
아파트에 넘쳐 출렁거리는 대동강물에
반쯤 감긴 눈과 반쯤 헤벌어진 입과 반쯤 나간 누릿한 앞니
그리고 목판에 새겨진 물결 같은 주름살이 비친다
시도 때도 없이 불러대는 통에 우리 동네 사람들의
애창곡도 어느새 〈한 많은 대동강아〉

내일이면 어김없이 방 한복판에 상이 널브러져 있을
막노동꾼 김씨의 노래를 이어 부른다
아― 소식을 물어본다 한 많은 대동강아

사실 그의 집은 아파트와 경계를 이루는
아직 개발되지 않은 북쪽 무허가 벽돌집이다

기타 등등과 함께 춤을

날개를 펼치지 않아도 날 수 있죠
회전을 할 때마다 곧게 뻗은 다리가 붕 뜨기 시작하죠
조명이 비추지 않았죠 늘 살짝 비껴가는 걸요
가끔 주인공의 사돈의 팔촌의 팔촌으로 춤을 추기도 하지만
아무도 그녀를 관심 가지고 쳐다보지 않아요
낭만적인 밤에 그녀는 우리를 위해 날았죠
그녀는 주로
이름 없는 바람이거나
아무나 고양이이거나
그밖에 백조이거나

그녀는 땅을 딛고 있을 때가 더 아름다웠어요
사람들은 궁금해 하죠
왜 땅에 발을 딛지 않는 거니
내 발바닥은 찬란한 허공을 좋아하나 봐요
그녀는 낭만적인 대답을 했죠

그녀는 웃어요 화장을 진하게 한 탓인지
눈동자에서 땀이 흐를 때도 있죠

나도 그래요 나도
이름 없는 아무나 회사원이고 그밖에 여러분이니까요
난 그녀를 위해 표를 사죠
그녀는 기타 등등 그밖에 여러분을 위해 춤을 추죠
황홀하고 아름다운 두 발을 날개처럼 곧게 뻗어 하늘로 오르죠
그녀의 조명은 바로 우리들인 거죠
나의 주인공은 바로 그녀인 거죠
요정이 되어 화려한 허공에서 춤을 추는 거죠
나도 그녀와 함께 춤을 추는 거죠

시험이 필요해

방법이 없어 뒤집어엎는 수박에
시민운동? 개혁? 다 필요 없는 이야기야
어느 세월에
자본주의 사회구조가 바뀌지 않는 한
기득권층은 계속 유지될 것이고 더욱 더 탄탄한 덩어리를 만들겠지
그러기 위해서는 시험이 필요해

그들은 그들에게 유리한 이데올로기로 끊임없이 가르칠 것이고,
그렇지 않은 우리 같은 무지렁이들은 열 받는 듯 어쩐 듯
저들의 사고에 젖어들 것이고
그 안에서 숨이나마 유지하기 위해 적당히 적당히 살아가겠지
그러기 위해서는 시험이 필요해

소비 지향 사회에서 소비 지향적인 아이로 크지 않도록

하는 법,

무한 경쟁 사회에서 함께 성장하는 것을 바라는 사람으로 키우는 법,

이딴 애매한 개념 사이에서 오락가락 하고 있는 나보다 말이야

안 돼! 안 돼! 절대 그럴 순 없지

뒤집어엎자, 체제를 바꾼 다음에 이데올로기를 하나하나 잡아가야지

이런…… 또, 흥분했군

흥분을 없애려면 시험이 필요해

먹고 살기 위해서는 시험이 필요해

미싱링크*

야근하는 사람들을 위해 야식으로 피자를 주문했다
그리고 나는 퇴근했다

피자를 배달하던 청년과 처음으로 눈이 마주쳤다
아주 잠깐
오토바이를 탄 청년은 오토바이와 함께 하늘로 타올랐다

내가 타려던 버스는 여태 오지 않는다
청년은 횡단보도에 흉터가 되어 가지런히 그려져 있었다
길가의 흉터는 더 이상 성장하지 않았다
청년은 태어나서 처음으로 그런 환대를 받았을 것이다
하지만 묵묵부답이었다

절망이 꿈틀꿈틀 피어 올랐다
그리고 더 이상 자라나지 않았다
이제 청년에게 피자 배달을 시키지 않을 것이다

내가 타려던 버스가 이제야 온다
청년의 몸이 이제야 발견되었다
10분 만이다
버스바퀴에서 울음냄새가 난다

* 잃어버린 고리라는 뜻으로, 생물의 진화 계통을 사슬의 고리로 볼 때, 그 빠져 있는 부분으로 상정되는 미발견의 화석 생물을 이르는 말.

오늘의 판매왕

나는 그가 영업사원인 줄 알았다
상고를 졸업하고 스물이 채 안 된 신입사원 K는
얼른 고개를 돌려 나를 찾는다
그래 네게도 영업사원은 골칫덩어리인 걸 아는구나
그가 책상에 즐비하게 내놓은 물건들은 사람이었다
최고의 브레인, 성적도 우수, 성격도 우수
좌판에 차곡차곡 열아홉 그들을 올려놓는다
이 아이는 스펙이 대단합니다
자격증만도 수십 가지요 토익은 말도 못합니다
사람을 팔고 있는 그를 바라보는 우리의 신입사원 K는
그렁그렁 나풀나풀 발이 떠 있다
K도 그렇게 좌판에 깔아놓고 한껏 자랑했으리라
굽실굽실 머리 조아리며 이놈 하나 사라고 그렇게
가르치는 것보다 파는 것이 교원평가 점수에 더 들어간다더라
한때는 지성이니 자유니 실천이니 인성이니를 가르치고자 했던

영업의 달인
비정규직 신입사원 K의 담임선생님
미소 하나만을 흘리고 총총히 다음 영업 구역으로 사라지고
우리의 신입사원 K는 여전히 내 옆에서 고개를 숙이고

남극에서 살아남기

견고하고 빈틈 없는 빙상氷床으로 뒤덮인 백색 대륙이다

서초동 법원은 너무 가깝고 얼음계단은 너무 멀다
뉴욕제과는 너무 가깝고 뉴욕의 빵은 너무 멀다
파고다는 잉글리쉬를 팔고 있고 파고다는 탑골공원으로 바뀐 지 오래다
저기 서류가방을 걸친 황제펭귄들이 무리를 지어 간다
화장실 벽에 010-222-2222 장기 삽니다,
스티커를 붙이던
가방 속에는 아직도 팔아야 할 장기들이 남아 있을까
강남역 계단에서 일렬로 줄을 지어
미끼처럼 전단지를 나눠주고 있는 바다표범들
먹잇감이 되지 않으려면 보이지 않게 고개를 숙여야 한다
8차선 차도는 얼음자동차들로 덮여 있어 빈틈이 보이지 않는다
조심해서 건너지 않으면 크레바스에 빠져

태양이 가득한 아프리카로 떨어질 수 있다
언제 충돌할지 모르는 빙산들에 둘러싸여
황제펭귄들처럼 나도 무엇인가를 팔지 않으면 안 된다
남극의 제국은 화이트아웃이 되고 방향감각을 잃은 나는
같은 자리를 끊임없이 맴돌고 있다

드라이 밸리로 가는 버스 안에서 손을 흔들며 작별인사를 하는
긴수염고래들은 신기루일까
현기증이 난다
내 피는 얼지 않아 적십자혈액원에 제공되지 않을 것이다

강남역은 달려간다

해일처럼 사람들의 머리에 밀려 내려간
퇴근길 강남 지하철 역 계단 중간쯤
단정한 청년 내게 다가와
배가 너무 고파 그러니 밥값을 달란다

구질구질한 여름옷을 겹겹이 입고
머리도 며칠 감지 않아 고약한 냄새를 풍기며
이빨 사이사이 누런 이물질 끼고
반쯤 감은 불쌍한 눈으로 구걸을 했다면
내가 한 끼 밥값을 줬을까?

단정한 청년 말하는 폼새가
내게 얘기하는 것이 아니고 먼 허공에 얘기하는 듯하고

고용안정센터에서 온 길일 수도 있겠고
면접을 보고 온 길일 수도 있겠고
알아들을 수 없는 영어회화를 지껄이다 온 길일 수도

있겠고
아니면 쥐꼬리만 한 자존심을 위해 빈 공간을 찾아
청량리역에서 온 길이었을까?

주머니 속 천 원짜리 몇 장
손으로 만지작거리다
단정한 그 청년 허공에 남겨두고 지하철 계단을 내려
간다

내 주머니엔 콩알만 한 자존심이 자라고

번지는 풍경

백사마을*에서 보았네
골목 끝에 똬리 튼 늙은 백사 한 마리
술병 든 꼬리를 까닥까닥 하는

가끔 단정한 여학생이 올라올 때가 있는데
휘리릭 휘리릭
여학생은 흠칫 놀라 큰길로 내려가고
백사는 쩝 하는 소리와 함께
질펀한 아쉬움을 남기고
골목으로 골목으로 들어가네

한 골목이 한 골목을 감싸 안고
엉켜있는 골목에선 희미하게 들리는
웅얼거림 우우우
먼 옛날 천사들이 살았다던
백사마을의 추억을 이야기하고 싶었을까
그곳에 모여 있던 햇볕덩어리는

산산이 부서져 파편으로 날리고 있네
아까 놀라 달아난 여학생의 치맛자락이 보일 듯 말 듯

지기 이사하지 못한 백사들이, 술병을 들었넌 꼬리로
지워지고 있는 골목길을 다시 칠하고 있네
지긋지긋한 백사들이 점점 다시 모이고 있네

말 걸기가 쉽지 않은 그 골목에
백사 한 마리 살고 있다네 스르륵 스르륵
풍경이 번지고 있다네

* 서울시 노원구 중계동 '104번지' 이기에 붙은 이름. 서울의 마지막 달동네 중 하나. 재개발로 몸살을 앓고 있었으나 원형을 살리는 것으로 가닥을 잡고 있다.

이상한 나라의 할리스

할리스에서 연인을 보았습니다 남자는 꽃무늬 남방을 입었습니다 나비가 금방 날아가 앉을 정도로 화사했습니다 (사실은 촌스럽다는 얘기지요) 여자는 쉬폰블라우스를 입었습니다 가슴을 조이고 있는 단추가 터질 기세였습니다 (진짜로 단추 하나가 없었지요) 연인은 다른 탁자보다 머리 하나만큼 높은 1인용 긴 자리에 앉아 수줍은 말들을 주고받고 있었습니다 남자의 잇몸 사이에서 뱀이 삐져나와 여자의 머리카락을 휘감고 있습니다 흙을 머금은 게는 앞으로 앞으로 전진합니다 미지근한 냄새는 토해지고 있습니다 가끔 부패한 말들은 잇몸 사이로 주르르 흘러내리기도 한답니다 목구멍에서 칼끝이 보일 때였습니다 연인의 말투는 점점 싱싱해졌습니다 말랑말랑 풍만한 여자의 뱃살에 나무젓가락 같은 남자의 다리가 슬며시 와 부비고 있습니다 연인의 대화만이 팔딱팔딱 뛰고 있었습니다

제2부

까스명수

직업 없고 큰소리만 쥐고 있던 아버지가 정말 싫었어 죽도록 일만 하고 경제력은 아버지한테 쥐어준 엄마는 더 싫었어 기타를 옆에 끼고 노래 따위나 흥얼거렸던 아버지 앞에서 엄마는 궁상스럽게도 비굴했어 그리고 까스명수 마셨지 작은 키가 한스럽던 엄마는 아버지 발 밑 고양이처럼 웅크렸어 행여 집에서 내쫓길까봐 발로 차여도 더욱 더 아버지 그림자 속으로 들어갔어 그리고 까스명수 마셨지 햇빛조차 들어오지 않던 손바닥만 한 창문으로 두둥실 떠다니는 발만 가끔 쳐다보고 고개 숙여 미싱만 밟았어 그리고 깜깜한 바람 마시며 집으로 숨어들어 까스명수 마시고 코를 골며 주무셨지 난 엄마가 한심스러웠어 우리도 남들처럼 열심히 일하면 부자될 수 있다고 열심히 일하지 않아 부자될 수 없는 거라고 텔레비전 보는 척 아버지 힐끗 보며 엄마는 작은 소리로 주장했어 그리고 까스명수 마셨지 아버지는 늘 당당했어 그토록 아무 것도 없이 당당했던 이유가 무엇인지 알 수는 없었지만 까스명수도 마시지 않았지 난 엄마 냄새가 싫었어 까스명수 냄새가 싫었어 시간이 흘러도 똑같이 되풀이 됐어 그런데 말이야 이상한 일이지 나는 여전히 아버지의 기타와 함께 노래 따위나 흥얼거리고 엄마의 까스명수 냄새 속에서 살고 있는 것이 그리고 어느 날부터인지 몰라도 나는 냉장고에 상자째 넣어 놓고 밤이면 하나씩 꺼내 마셔 까스명수를

오밀조밀 소행성 106동

오밀조밀 소행성 106동에 사는 별들은 뭉쳐 있지만 떨어져 있다 별들은 해 뜨기 전 연장을 챙겨 닿을 수 없는 안드로메다로 타박타박 날아간다 별들의 하루 일당은 자신을 밝힐 수 있는 빛 조금뿐이다

소행성 106동 입구는 나머지 행성과는 조금 다르다 아주 조금 약간 작은 주차장 약간 작은 엘리베이터 약간 높은 계단 약간 많은 고지서 약간 많은 가래와 바닥의 쓰레기들 그리고 전혀 다른 출입구와 뫼비우스띠로 둘러쳐진 놀이터 안드로메다를 모르는 새끼들은 그렁그렁한 눈망울로 빛을 기다린다 절대 아버지를 기다리는 건 아니다 소행성 탈출할 궁리만 하던 별들은 이제 견고한 대행성 침공할 궁리만 한다

106동 가는 길은 쉽게 찾을 수 없다 겉으로 보기엔 대행성임을 믿어 의심치 않는다 아무도 이 별자리를 알려고 하지 않는다 임대라는 별표가 붙어 있어 그런 것일까 101

동에서 105동 안드로메다의 외계인들은 남아돌아가는 빛을 절대 나눠주지 않는다 설령 수많은 빛이 썩어들어 가더라도 구름의 양을 늘리기만 한다

101동부터 106동에 사는 별들이 가끔 수평으로 만나기도 한다 오렌지마트에선 구분할 수 없다 똑같은 가격으로 똑같은 웃음과 똑같은 울음을 나눠가지는 때도 있다 행성은 우주 안에 있고 똑같은 빛이 쏟아질 때도 있다 금을 긋는 것은 별들이 아니다 다만 그럴 것이라 생각할 뿐 행성은 우주와 우주 사이의 우주

가끔 알 수 없는 별빛의 조각들이 안드로메다를 향해 날아가기도 한다

소행성 106동에 사는 별들은 오늘도 여지없이 하루의 일당을 챙겨 별빛 속으로 들어온다 찬란하게

고래를 만난 적 있나요

알록달록 꽃무늬가 새겨진 벽지에 고래를 그린다
테두리가 까만 고래는 속이 환하게 보인다
내장은 온데간데없다
배고픈 벽이 꽃을 삼켰듯 다 흡수해 버렸을까
월 25만원 반지하방의 12월은 한여름이다
벽지 모서리마다 검은 곰팡이가
고래고래 고함을 지르며 출렁거리고 있다
고래의 바다가 될 모양이다
선풍기 바람을 최대로 켜 놓고 집 밖으로 올라온다
넓은 길 하나 사이에 두고
하늘 위로 박혀 있는 벽산아파트가 보인다
집 밖에도 벽이 산처럼 둘러싸여 있다
벽들은 견고해 내가 들어갈 틈이 없다
벽산아파트가 고래를 잡아먹을 듯 눈을 부라리고 있다
토막 난 울음이 기숙하는 골목 안
회색빛 나의 방은 아직도 한밤중이다
희미한 형광등이 고래눈깔처럼 깜박거린다

휘청거리는 물살이 점점 차오른다
오랫동안 참고 있던 호흡을 하기 위해
고래고래 울음을 우는 고래 한 마리
튀어 오른나
나는 고래를 만나러 간다

상계동의 하늘엔 별이 없다

늦은 밤
햇볕 한 줌 들어오는
손바닥만 한 부엌 창문으로 얼굴을 내밀면
별들이 내 눈 속으로 들어온다
별들이 서서히 올라오고 있다
그 별들은 하나같이 똑같은 모양이다
빨강으로 발열된 십자가

상계동의 깜깜한 밤하늘은
십자가의 상징이다
낮에는 투명인간처럼 상계동 좁은 길 구석구석
붙어 있다, 밤이 내려앉으면
서서히 벌겋게 달아오른다
이른 새벽까지 환하게 웃고 있다
상계동의 십자가는 상계동 사람들의 융숭한 대접을 받으며
점점 발열하고 있다

상계동의 밤하늘은
징검다리 삼아 건너도 될 정도의 십자가가 포진하고 있다

하루하루를 벌기 위해 새벽 첫 버스를 타고 출근하는 손들에게
하루하루를 벌어 집으로 돌아오는 고개 숙인 손들에게
십자가는 그들 머리 가까이 별처럼 빛나고 있다

오늘도 상계동의 하늘에 별이 많다

너는 모르지의 복도

유독 오른쪽 팔을 위로 세우고 걷는 여자들이 많은 복도
한쪽 가슴을 도려낸 여자들 그럼에도 깔깔 웃는 여자들의 복도
아픈 것보다 집에서 해방되어 병원에 있는 것이
더 행복하다는 여자들의 복도

왈칵 왈칵 술술 나오는 욕지거리들
왼손은 잡으려 하지만 어느새 달아나는 낱말들
뭉텅뭉텅 떠다니는 사연들이 허공을 가득 채우고 있는 복도

한 손으로는 무리야, 한 가슴으로는 잡을 수 없네

9시면 불이 꺼지는 여성 암병동 1411호의 복도
깜깜해져야만 달아났던 낱말들 중 한두 개를 잡아
다시 입으로 집어넣는 여자들
꺼이꺼이 울음도 집어넣는 여자들

없어진 눈썹을 안경테로 감추고
빨지 못한 겨울 모자를 푹 눌러쓰고
잠 잘 때도 모자와 안경을 벗지 않는
한쪽 가슴을 도려내고서야 행복하다는 여자들의 복도

잠잘 때 찍어낸 눈물 한 방울의 위력을 아는 복도
쿨럭쿨럭 거릴 때마다 남겨진 가슴 한쪽을
움켜쥔 채 알량한 낱말들과 이별하는 복도

한 가슴으로는 무리야, 한 손으로는 잡을 수 없는
그 사연을 너는 모르지의 복도

주소의 탄생

집 주소가 어떻게 돼요?
남양리 26-11인디?
아무 의심 없이 집 주소를 받아 적다가

아버지, 아버지는 집이 없잖아요
그곳은 그냥 손바닥만 한 밭뿐이잖아요
그 주소는 사람이 사는 집 주소가 아니라고요
서울서 그렇게 당하셨으면서
또 집을 지으셨어요?
내버려져 아무도 쳐다보지 않던 땅에
집 지었다 거대한 괴물이
순식간에 삼켜버린 기억이
아직도 생생하다면서요
되지도 않은 용맹함을 떨치려
주머니 속에 있던 별들을 쥐다
괴물을 향해 던져버렸다면서요

그런데 아버지 그 주소에
한전에서 전기도 놔드리고 전화국에서 전화번호도 따드렸다면서요
그런데 수도는 기어코 안 놔줬다면서요
아시겠어요, 물은 절대 포기할 수 없는 무기거든요
괴물은 사라지지 않고 어디엔가 숨어
아버지를 지켜보고 있다면서요
그렇게 살다 안개처럼 희미하게 괴물이 나타날 때쯤
또 다른 주소를 찾아 떠나시게요
아버지, 여전히 아버지 주머니 속
마지막 별 조각 하나를 만지작거리고 있나요
버리지도 못하고 나머지 조각 찾을 생각도 안 하고
또 집의 주소를 만들어 버리셨네요

그래서 아버지 지금 그 곳에서
마지막이라는 주소의 번지 한 조각을 키우고 있는 건가요

바람의 냄새

숨 쉴 때마다 바람의 냄새가 났다
바람은 폐 깊숙이 숨어 있다 한순간에 쌕쌕거리며
목구멍을 타고 올라왔다
잠재우려 한 움큼 알약을 먹어도 바람은
잠자는 사이 어김없이 헤집고 올라왔다
나는 바람을 없애기 위해 바람을 마시기 시작했다

골목의 틈새에는 바람이 웅크리며 살았다
담벼락 빨래줄에 걸쳐진 솜이불에서도
그늘에 숨어 있는 LPG 가스통에서도
악다구니 쓰는 옆집 할머니 쉰소리에서도
효자손을 몽둥이처럼 쓰던 아버지의 손에서도
몰래 갖다버린 엄마의 신발 속에서도
바리깡으로 머리를 밀었던 젊은 애인의 눈에서도
바람의 냄새가 지독히 났다
가끔씩 냄새가 나지 않을 때 노래를 투척하는
사람들을 보았다

그러면 꼭 바람의 그것과 비슷한 냄새가 났다
그러나 골목이 서서히 사라지고 있을 때
바람의 냄새는 묽어져갔다

바람은 내 코를 어지럽히며 폐 속으로 들어왔다
바람이 올라오지 못하도록 나는 끊임없이
바람을 마셔야 했다
언젠가 생겨날 골목들을 위해 숨기기로 했다
바람은 내 폐 깊숙이 쌕쌕거리며 살고 있다
나의 일과는 한 움큼 바람을 먹는 것으로 시작한다

허기

날마다 똑같은 허기가 찾아와

난 땜질하러 돌아다녔지
연장은 필요치 않았지, 연장延長만 필요했지
단기 근로계약서에 서명만 하면 일사천리였어
15년 경력은 필요치 않았지,
완벽한 일처리도 원하지 않았어
난 땜질만 하면 되었어
6개월에 한 번씩, 3개월에 한 번씩
운 좋으면 10개월을 할 수도 있지
휴직한 그들의 인사고과는 두껍고 우수해졌어
점심시간이 되면
난 땜질을 잠시 쉬고 밥 먹으러 가지
하늘이 듬성듬성 땜질 되어 있고
저 구름도 땜장이처럼 위대해 보였어

늘 똑같은 허기가 찾아와

저길 봐
반 토막 난 해가 도로 위를 달리고 있는 거 보이지

어머니의 청계천

거북이처럼 등 구부리며 열심히 미싱을 밟으셨다
일어서면 형광등에 머리 닿을까 145센티미터 어머니는
평화시장 어두컴컴한 다락방에서
청계천 물이 점점 멀어지는 것도 모르고
미싱 소리가 물소리인 양
깜박거리는 형광등이 구름에 가린 햇빛인 양
열아홉 청춘을
남들도 다 그렇게 살겠거니 청계천과 함께 그렇게
미싱을 밟으셨다
그 이듬해 전태일과 함께 청계천이 살짝 살아났을 때
스무 살 어머니는 여전히 미싱을 밟으셨다
사람 하나 죽는 거 늘 보았기 때문에
아무렇지도 않으셨다 한다

여름이면 목덜미와 등짝 땀띠, 긁어 피고름이 살을 파고들고
겨울이면 얼어 곱은 손가락 발가락이 미싱 바늘에 옷감

따라 박혀도
라디오에서 흘러나오는 노래를 즐겁게 흥얼거리셨다던

서울 사람들 다 모인 청계천 평화시장 불술기 승간
자꾸 번듯하게 변해버린 청계천 평화시장 이층 자리만
내내 올려다보고 계신다

길을 잃어버린 듯 청계천에서
물소리가 미싱 소리인 양
구름에 가린 햇빛이 깜박거리는 형광등인 양
내내
조각보처럼 일정한 청계천 평화시장 이층을 올려다보고 계신다

나의 골목 107번지

길모퉁이 만화가게 금고에서 동전을 훔쳐
그 만화가게에서 만화를 보고
낑낑거리며 걷다보면 골목들이 아우성치며 까불고
술주정 하는 아저씨를 보면서 깔깔 웃던
나의 골목 107번지
길 한복판에서 머리채 잡아쥐고 싸우는
무서운 여자들 중 엄마도 있었는데
다음날 평상에 둘러앉아 아무 일도 없었던 듯
그렇게 수다를 떨어 나를 화나게 했던
나의 골목 107번지
후다닥 뛰는 발자국 소리에도 사연이 있고
수평으로 세워져 있던 공중화장실엔 늘 똥이 쌓여 있던
나의 골목 107번지
재개발로 집 같지도 않던 집들 하나 둘 허물어지면
높다란 철탑 위에 집 지어 불안한 새벽까지 등불을 밝혔지만
끝내는 집과 함께 질질 끌려 나왔던

나의 골목 107번지

공중화장실은 22층부터 1층까지 수직으로 세워져 있어
기다릴 필요도 없고
사소한 다툼은 먼지가 되어 어디선가 조금씩 쌓여가고
내 친구 승애는 동두천으로 멀리 이사를 가고
후다닥 뛰는 햇볕이 느릿느릿한 어둠을 집어 삼키고
반듯한 보도블록이 줄 맞춰 기다리고 있고
만성집단증후군에 시달리는 사람들의 눈치를 봐야 하고
거품 나는 맥주가 세제인 줄 알고 그릇을 닦고
한동안 모여 있던 그리움은 길가에서 팔리고 있었지만
사려고 하는 사람은 아무도 없고
비디오 대여점은 밤새도록 시간을 훔치고 있고
입에선 미지근한 과거가 계속해서 버석버석거리고
외면당한 질긴 인연들과
미아가 돼 버린 웃음이 함께 공존하는
이제 찾을 수 없는 사라진 나의 골목 나의 107번지

말미잘에게 말 걸기

말미잘은 입만 있고 똥구멍이 없대요
입으로 먹은 필요 없는 것들이 도로 입으로 나온대요
뱃속은 몸 안이지만 바닷물이 들어차 있어
몸 바깥과 같대요
그러니까, 입이 똥구멍이고 똥구멍이 입이래요

위암에 걸린 아버지는 저녁이면 늘 변기통을 붙잡고 씨름을 했어요
말간 죽을 소주처럼 마시고 거푸거푸 입으로 뱉었어요
누런 물까지 입으로 나오면
아버지의 눈은 파닥거리는 물고기처럼 시원해 보였어요
아버지도 말미잘처럼 입이 똥구멍이 되었을까요

배가 살살 아픈 날 변기통에 엉덩이를 까고 똥을 눌 때면요
나에게 똥구멍이 없었다면 말미잘처럼 환했을까 생각해요

아무도 몰래 어두운 변기 속에 가둬놓고
아무도 몰래 질겅질겅 씹던 현재의 시간을
흘려보내지 않았을까 생각해요
뱃속에 짠 바닷물만 들어차 있었다면
몸 바깥과 같았을까 생각해요

조절 기능이 떨어진 입은 똥구멍을 더 질기게 만들었어요
양변기 위에 앉아 역류하는 말미잘의 입을 생각해요
내 몸 바닷물에 둥둥 떠 있어요

라디오를 든 아이

큰아버지의 하루는 라디오를 틀면서 시작했다
닭은 울지 않았다
일찍 일어나라 소리도 지르지 않았다
라디오 소리가 들리면 벌떡 일어났으므로
뉴스로 시작되는 라디오 소리는 내 귀에 선명히 꽂혔다
나를 볼 때마다 내뱉던 욕들은 아버지에게 하는 소리임을
알았기 때문에 그냥 라디오를 들을 뿐이었다
라디오에서 무엇이 흘러나왔는지 잘 모르겠다
나와 비슷한 울음의 소리가 들렸었다는 것밖에는

능력도 없는 놈이 싸질러 놓고 가버린
빌어먹을 년이었다, 나는
가끔은 라디오가 나를 집어삼킨 적도 있었다
큰아버지가 새참 먹으러 마당에 들어설 땐 가슴이 뛰었다
설마 저 라디오를 끄지는 않을까

내 눈에서 눈물이 글썽거리는 눈치가
보이면 큰아버지는 냉큼 라디오를 껐다, 당장 그치지 못해
나는 큰아버지가 라디오를 틀어줄 때까지 울어 제꼈다
숨이 넘어갈 무렵이면 라디오에선 내 울음소리가 들렸다

아버지가 나를 데리러 온 그날엔
라디오 소리가 들리지 않았다
새벽이었는지 밤이었는지 잘 모르겠다
라디오는 내가 듣고 있었다 울음의 소리를 듣고 있었다

동대문역 3번 출구 찾기

엄마는 가끔 창신동 봉제골목엘 간다
여러 갈래 똑같은 골목이 미로처럼 펼쳐져 있어
단 한 번도 눈앞에 있는 그 골목을
첫판에 찾은 적 없단다

돼지머리 진열된 식당 사이 그 골목을 기억하는데
두 번째 집이었는지 세 번째 집이었는지 네 번째 집이었는지
온통 돼지머리가 떠억, 여기가 거긴가
늘 머뭇거리고 헛갈린단다

변하지 않는 건
악다구니 쓰며 남편 머리 잡아채는 서울미싱 미싱사
서울말이 사투리처럼 들리는 평안원조족발 연변 할머니
실밥 잘 뜯는 시다 네팔 청년의 뭉툭한 손가락
미끄러지지 않으려는 듯 단단히 붙잡고 있는
전단지 같은 저 집들

엄마가 오르려는 창신동 높은 골목길뿐

하늘에 널브러진 전깃줄에 피곤한 일상이 애처롭게 매달린
그 동네는 출구 없는 입구처럼 들어가기만 한다
봉제공장을 했고 망해먹은 창신동 봉제골목
그래도 가끔씩 가야 마음이 편하다는 엄마

기억이란 잊어버려도 되는 기억마저 기억하는 것일까
엄마는 늘 동대문역 3번 출구를 찾기 위해
1번부터 10번 출구까지 올라가 본단다
창신동 봉제골목을 가기 위해 동대문역 3번 출구를 꼭 찾아야 한단다

엄마의 기억 속 동대문역 3번 출구는 과연 어디일까

생고기 집으로 오세요

만원이면 생고기 2인분, 소주 한 병
그러고도 사백 원이 남는 당고개역 삼삼이네 생고기집
가보면 안다 그 사내들
둘, 셋씩 들어와 넉넉하게 배 채우고 허풍도 채우는 소리들
일당의 반을 소주 값으로 내놓고도 환한 저 소리들
팍팍한 한숨 지글지글 녹는
뜨끈뜨근한 몸 캬 해지는 소리들
맑은 날 밤이면 생고기집은 눈물 나도록 화사한 소리들이 보인다
상처 입은 말言들이 허공에서 어깨춤을 춘다

"아부지는 저녁 겁나게 먹었응께 니나 언능 묵어라잉"
어쩌다 하루를 벌어오는 날이면 아버지는
비실비실 온갖 잡병을 달고 살았던
나를 앞세우고 생고기집으로 갔다
1인분에 소주 한 병을 시켜

대접에 따라 마신 아버지가 멋졌다
그날 아버지는 어머니에게 공쳤다고 말했다

소주를 하느님처럼 여기던 그 사내 같던 아버지는
식은 생고기처럼 딱딱한 위를 잘라냈다

비가 콩 볶듯 투투둑 내리치는 날
당고개역 삼삼이네 생고기집에
그 사내들은 보이지 않는다
한량한 빗소리를 들으며 반쯤 보이는 창문으로
노랫가락을 흘려보내고 있을 것이다
건너편 아파트 단지 사람들이
그 자리를 뜨문뜨문 채우고
누리끼리한 찢어진 달이 철판 근처에 다소곳하게 있을 때
말言들이 허공에서 나갈 곳을 잃는다
붕붕 떠다닌다

아버지의 긍정론

삽으로 눈을 치우면서 연신 옘병할 옘병할
젊은 시절 별 잡스런 일 다 하면서도
도시를 떠나지 않았던, 농사의 농農자만 아는 아버지는
육순이 넘어 고향으로 후퇴했다 엄마 말에 따르자면
돈도 없고 큰 목소리와 똥고집뿐인 아버지는
남양리에서도 골칫덩이란다
한 해는 유기농으로 고추 키운다고 여름 땡볕 내
고추밭에서 살더니 그해 고추값이 폭락했다
나는 입이 얼얼할 정도로 고추를 먹었다
태양초 고추가 금이 더 나간다고 동네 길목마다
고추를 널었더니 하루가 멀다고 비가 내렸다
온 동네에 매운바람이 불고 빗물이 빨게졌다
한 해는 소 키운다고 외양간 만들었다, 기세등등하더니
백날 빚만 늘어 방으로 만들어 버렸다
까끌까끌한 바닥에 백열등 하나 냉기가 흐르는 그 방
방 하나 더 생겼다고 우리더러 쉬러 오란다
보일러 없이 군불 땐다고 썩은 나무만 해왔다

없던 담이 생겼다, 그 땔감에 독버섯이 자라고 있다
한 해는 당숙 논을 빌려 일 년내 논에 살았다
빌린 논 쌀로 갚고 남은 건 자식들 집에 택배로 부치고 나니
농협 빚만 쌓였다
쥐뿔도 없으면서 틈만 나면 머리에 붉은 띠 두르고
전단지를 나눠준다 뭐한다 동네사람 흔들고
가끔은 뒤란에서 쭈그리고 앉아 라일락담배를 피우는
남양리 골칫덩어리 아버지,
엄마는 아버지 덕분에 피난 시절을 한번 더 산단다
겨울은 멀리 가도 눈은 그치지 않고
아버지의 입에서 튀어나오는 옘병할! 옘병할!
그럼에도 불구하고 해마다
엄마는 집 둘레에 꽃씨를 뿌리고 아버지는 퇴비를 만드는
그 옘병할 이유, 그 옘병할 긍정

질서

월요일
그릇 장사
화요일
뻥튀기 장사
수요일
등산복 장사
목요일
돼지족발 장사
금요일
만물 장사
토요일, 일요일 쉼

대성한의원 앞의 질서
아무도 이의를 달지 않는 오묘한

제3부

공간 위로

펄펄 눈이 갑니다 하늘로 눈이 올라갑니다 지상으로 내려오는 통로는 모두 막혔나 봅니다 내리던 눈은 이제 더 이상 내리지 않고 하늘로 하늘로 올라갑니다 지상과 하늘 사이에 공간이 생겨난 이후 그 거리는 점점 좁혀졌지요 그것은 참말입니다 옆 사람에게 물어봐도 똑같을 겁니다 원래 그 공간에는 여러 잡것들이 살았더랬지요 글쎄요 그 한가운데 가난이 있었는지는 저도 잘 모릅니다 한동안 우울한 축제가 계속 되었습니다 붉은 기가 공간에 가득했더랬습니다 질척해진 붉은 지상은 공간을 자꾸 먹어치웠습니다 살아있는 모든 것들은 하늘로 하늘로 올라갑니다 구불구불한 틈새에 살던 우리들의 이유들도 반듯한 답변이 되어 있습니다 눈이 하늘로 올라갈 때 드디어 내 발바닥에도 날개가 자라기 시작했지요 그사이 공간은 점점 가늘어졌습니다 모든 이유들이 하늘로 올라가는 날 내 발바닥의 날개도 좀 커져 있겠지요 그러면 아마도 새로운 공간이 생길지도 모르겠습니다 저기 하늘로 올라가는 것들이 눈인지 사람인지 강인지 방 한 칸인지 이유인지 알 수가

없지만 하늘로 하늘로 올라갑니다 또 하나 우울의 겹이
공간을 차지합니다

안녕하세요, 신경질 씨

올챙이배 쑤욱 내놓고 잠만 퍼질러 자고 있다
아파트 담벼락 옆 딱정벌레처럼 딱 붙은 구두수선집의 신경질 씨
"신경질 씨, 이 신발 좀 ……"
실눈 뜨고 있으면서도 드르렁 드르렁
신발 고치러 왔는데도 미안한 마음이 들게끔 드르렁 드르렁

입에서는 연신 니미럴 투덜 투덜 투덜
채 나오지 못한 신경질은 두 볼에 가득 차 빵빵하고
코에 걸친 안경엔 날카로운 은빛이 꽉 차 있다
한 쪽만 해달랬는데 이쪽도 쭉 저쪽도 쭉 늘여보고
한 땀 한 땀 짱짱하게 신발의 길을 깁는다
한 쪽 깁는데도 이천 원, 두 쪽 다 깁는데도 이천 원
두 줄 나란히 불친절한 신경질 씨의 손길이 새겨지고 있다
웬만해선 접착제는 쓰지 않는다는,

내 샌들은 이제 10년은 너끈하게 더 신을 수 있을 거라
한다
실과 바늘만으로 동네 신발을 죄다 고쳐놓는 통에
가끔 동네 신발들을 보면
신경질 씨 표 문양이 새겨진 길을 볼 수 있다

아파트 담과 서예학원 건물 사이 자투리 공간
구두수선집 주인장 신경질 씨의 자투리 잔소리
"다음에 오든가 두고 가든가"
손님이 한 명만 있어도 다른 손님은 절대 안 받아
두고 간 신발들이 한통속 되어 그득 쌓여 있다
다 기운 샌들 신고 나오는 내 발바닥에
구두수선집 신경질 씨 표 한 땀의 문양이 새겨지고 있다
길과 길이 맞부딪혀 소리가 나는 그곳
누가 처음 불렀을까 안녕하세요 신경질 씨를

건달의 회고록*

무엇을 잃어버렸나
미루적거리며 그 골목에서 헤어나지 못하는데
무쇠팔 무쇠주먹이 건달의 골목들을 쓸고간다

한때 주먹 하나로 그 골목을 평정했더라는데
뽐내기 위해 추억 따위 바닥에 흘리고 다녔다는데
용맹스럽던 뱀의 무늬는 각질이 되어 있고
옛애인은 나이 들어 감감무소식이다

파격이라고 믿고 싶지 않은 이 세상의 답을 향해
도시의 험담을 늘어놓는 자폐아들이여
참을 수 없는 환멸에 대한 지독한 가려움이여
입 속에서 옹알거리는 사막의 흐느낌이여
그 모든 것은 건달의 그리움 속으로 들어간다

이제 건달의 주먹은 막걸리 뚜껑 돌리는 것으로 끝난다

곧 이사 갈 골목의 술집에서
떠도는 말들이나 주워 담고 있는 것은
그래, 건달의 회고록을 위해서라고 하자

* 이젠 자취를 거의 감춘 피맛골 생선구이 집엔 가끔 늙은 건달들이 추억을 안주삼아 막걸리를 마시고 있는 것을 종종 볼 수 있다.

극장 안에 사는 유령을 본 적 있나

아무도 모르게 컴컴한 좁은 계단을 오르고 두 눈은 흐린 회색으로 깜박거렸지 계단을 오를 때마다 세월의 무게를 툭툭 털었어 비상구 표시가 반짝이는 화살표 반대 방향으로 올라가는 거야 빛이 쏟아지는 영사기 바로 밑 공간이 지정석이야 의자 뒤 푸른 가시들이 박인 웅크린 등, 두 시간 동안 암흑이 유령에겐 행복이야

환해지면 사라져버리는 휴식 수런수런 이야기가 오고 가는 허공 훌쩍훌쩍 먼지처럼 날리는 눈물들

유령에게 중요한 건 영화의 내용이 아닐거야 오직 영화가 길었으면 하는 바람이겠지 대사가 길었으면, 주인공 명命이 길었으면 하는 따위들……

식지 않은 발자국, 소름 돋는 체온, 거추장스런 껌딱지 같은 인연들이 다닥다닥 붙어 있는 좌석들 사이를 빠르게 훔치려면 말이야 막강한 준비운동이 필요해

우툴두툴한 잠이 사라질수록 유령은 여자가 되고 발끝에선 연기가 모락모락 피고 건조한 영화는 눅눅해지고 있어

사람들은 빠르게 비상구 불빛 속으로 사라지고 유령은 서서히 바닥에서 공중으로 뜨고 토막 난 울음들은 바닥에 치밀하게 박혀 있지 이제 청소할 시간이 된 거지?

공룡에 대한 슬픈 오마주
— 여의도

해가 머리 꼭대기에 올라왔을 때
공룡은 서서히 머리를 들어요
기계음 소리가 들리는 심장을 슬그머니 감추고 나타났어요
공룡은 조간신문을 즐겨봐요
읽기가 거북스런 사회면을 우걱우걱 씹어 삼키고
떫은 글씨가 목에 걸리면 퉤, 뱉어요
오전 10시엔 작은 알갱이가 되어
반짝이는 전광판 속으로 들어가요
온갖 숫자를 레고블럭처럼 쉼 없이 끼워 맞추고
12시가 되면 사람들을 섞어 점심을 먹어요
서브웨이 햄버거, 맥도날드 커피, 겨자가 밥보다 많이 들어간 회전초밥
컨베이어 시스템으로 되어 있는 식당으로 들어가서
정확히 10분 안에 나와야 해요
가끔 소화가 되지 않을 때면 꺼억 트림을 해요
그럴 때면 종이비가 내려요

함성이 몸 주위를 에워 쌀 때는 두드러기가 솟아요
사막 한가운데 천막을 쳐 바람을 돌보는 것도
바닷가 중심부에서 땅을 만드는 것도
빗소리를 들으며 술을 마시는 것도
공룡에겐 귀찮은 잔업이에요
가끔 밤이 낮보다 바빴으면 좋겠다는 생각을 해요
황량한 인공위성이 별처럼 속이고 있구요
공룡은 중력을 무시하고 둥둥 떠 있네요
과대망상증에 사로잡힌 공룡은 깜박 깜박,
또 다른 공룡을 찾아 킁킁거리고 있어요

공룡에 대한 슬픈 오마주 2
— 구청 간다

독감백신 맞으러 할머니 구청 간다
공룡전시 구경하러 손녀딸 구청 간다
대강당 철제의자 앉아 순번 기다리는 할머니
아픈 데 없어야 공짜 주사 맞는다
열 있지만 아프지 않은 척
잔디밭 공룡 뼈에 들어가 헤헤거리는 손녀딸
신기한 얼굴로 구경해야 간식 먹는다
귀찮지만 즐거운 척
깜박거리는 형광등 따라 할머니 눈 깜박거린다
미루적거리는 햇볕 따라 손녀딸 눈 꿈벅거린다
독감백신 무료
공룡 전시관람 무료

웰. 컴. 투. 도깨비 시장

도깨비시장 건너편
사람들은 철문 앞에 오밀조밀 모여 있지요
은행문이 열리면
번호표를 누가 먼저 뽑나 내기하는 사람들처럼 비장한 모습이지요
갈 때마다 대기 인원은 열 명이 넘어요 나도 잔돈을 바꿔야 해요

대출계 탁자 위엔 사탕이 놓여 있고 사람들은 아그작 아그작 씹기만 하지요
집이 있어도 대출은 안 돼요, 소득이 없으니까요 소득이 있어도 대출은 안 돼요, 신용불량자이거나 장기 연체자이니까요 그래도 대출은 안 돼요, 소득 있는 보증인이 없으니까요
은행 직원들은 단순 창구를 찾는 단순한 사람들에게 펀드를 권하지요
도깨비시장 사람들에겐 펀드가 적금이고 적금이 보험

이고 보험이 예금이에요

(아파트담보대출최저금리, 펀드가입시이율최고, 원금보장변액연금) 현수막이 펄럭여요

우리 도깨비 동네엔 회사도 없고 공장도 없는데
은행은 기업은행 하나뿐이지요
아니 이제는 알다가도 모를 웰 컴 투 아이비케이에요
네모공주 부자되기 통장? 그건 네모공주나 하는 말이구요
도깨비시장 사람들은 모두 동그랗거든요

예금 적금 카드 보험 모두 좋아요
라라라 자 여러분 웰 컴 투 아이비케이 월드
단순한 도깨비시장 사람들은 여전히 기업은행이지만요

나이 들면 돈이 효자요, 친구래요

도깨비시장 사람들은 그런 건 몰라요
여전히 아침이 되면 기업은행 철문 앞에 모이지요
당일치기 도깨비들에겐 9시까지는 너무 멀거든요
자세히 보면 머리에 가려져 있는 뿔이 보일 거예요
여하튼 오늘도 웰. 컴. 투. 도깨비 시장의 아이비케이 월드랍니다

시치미

신장개업 깃발이 바람에 펄럭입니다

전주양념족발이 신장개업을 독도횟집이 전주양념족발을 천냥하우스가 독도횟집을 냠냠치킨이 천냥하우스를 점포정리가 냠냠치킨을 시장개업이 점포정리를 먹고 토했습니다

스위트미장원이 신장개업을 먹는다
정말 게걸스럽게 먹는다 그리고
토해낸다 토해낸 것을 확인하는 최 씨네 간판

오늘도 신장개업 깃발이 바람에 펄럭입니다

전주양념족발집 김 사장은 족발을 먹다먹다
두 발을 버리고 야반도주를 했다
독도횟집 최 사장은 손이 따뜻해 회를 뜰 때마다
생선이 익어 스스로 자신을 뜰 수밖에 없었다

상냥한 웃음이 매력적인 박 사장의 천냥하우스는
천 원짜리 물건은 결코 팔지 않았다
냠냠치킨 황 사장은 맞은편 바비큐치킨집이 생긴 이후로
더 이상 닭을 튀기지 않았다
스위트미장원 김 원장은 동네사람들 곗돈을 먹고 튀었다
열 평 남짓한 점포는 석 달을 주기로
신장개업과 점포정리를 먹고 토하기를 반복했고
덕분에 나는 점포정리 시점을 잘 맞춰
신장개업 깃발에 발맞춰 먹기 위해 토해냈다

(만나분식의 어여쁜 총각 강 씨는 창가에 앉아 머리를 찧으며 졸고 있군)

오늘도 최 씨네 간판집이 바람에 화려하게 펄럭이고 있습니다

능청스런 종각역

방 한 칸 그리울 때
나는 종각역으로 가요
군더더기 없이 깨끗한 방 한 칸
바닥재는 코리아헤럴드 경제신문지더군요
처음으로 벽을 세운 남자예요
자신의 방 한 칸을 자랑하고 싶다는 듯
스티로폼으로 둘러친 낮은 벽은
싱싱한 왈츠가 좌르르 흘러요
천정이 제일 마음에 들지요
누웠을 때 들썩거리는 모습을
볼 수 있거든요, 발자국 소리들
집세를 내지 않는 것이 큰 행복이지요
가끔씩 집을 들고 잠시 동안
그늘에 숨어 있으면 되니까요
헐렁한 그의 집은 휘파람만 불어도 날아가요
평당 가격이 만만치 않을 종각 지하철 계단 옆
번지 새기듯 금을 그어놓고

저녁 7시에 시집을 베개 삼아
단단한 벽을 마누라 삼아
잠을 자는 남자
어느 집보다 견고해 보여요
종각 지하철역 늦은 시간 깔끔한
남자의 방 한 칸 구경하러 가요

휴休

갯벌에 주저앉은 통통배 안
주름꽃 핀 남자는 어린 게들을 밟고
그물을 털고 있다
바람이 들락거리는
구멍 뚫린 그의 작업복은
희미한 바다 빛이다
다리가 잘려 나간 어린 게들을 개펄로 내던진다
등딱지가 쪼개진 게들도 바다로 날려 보낸다
식탁 위에 훌륭하게 놓일
대여섯 마리에 만 원하는 게들만 남는다
소금에 물든 올이 풀린 회색의 목장갑,
손가락이 훤히 보이는 그의 양손,
가운뎃손가락이 보이지 않는다
게딱지처럼 굳은살이 박인 남은 손가락,
배 끝 난간에 오롯이 땅을 바라보고 있는
담배 하나를 들고
입김인지 담배연기인지

한숨 같은 연기를 내뱉는다
손바닥에 바닷길을 꾸불꾸불한 직선처럼 새겨 넣은
남자의 여덟 손가락

남자의 모습이 반토막 난 게처럼 보이는 소래포구
바다의 짠 냄새는 보이지 않는다

그 여자를 기억함

사이렌 소리가 요란하다 경찰차 몇 대가 아파트를 에워싸고 그 뒤로 사람들이 에워싼다 두두두두 빠르게 움직이는 발자국들 …… 아파트 6층 뒷창문으로 여자가 떨어졌다 도저히 옆으로 누울 수 없는 벽과 아파트 사이의 가늘고 긴 바닥에 여자는 무늬가 되어 있었다 여자가 떨어진 이유는 알 수 없었다 단지 살짝 올라간 입술꼬리만이 여자의 기분을 말해줄 뿐이었다 여자가 6층에서 투신했다는 사실도 사실은 가정이었다 은폐를 위한 위장일 수도 있었다 경찰이 목격자를 찾았지만 사람들은 모두 묵비권을 행사했다 옆 동 사람들은 죽은 고양이 보듯 흘깃 보고는 재빠르게 큰길로 빠져 나갔다 여자의 얼굴은 공포의 맛을 알고 있어 편안했고 여자의 몸은 점점 단단해졌다 잠시 뒤 한 소년이 쇳덩어리 같은 여자의 옆에서 어깨를 들썩였으나 삐걱대는 소리는 자발적 죽음 앞에서 우는 건지 웃는 건지 알 수 없었다 두두두두두 녹이 슨 비가 떨어지고 있었다

나는 숨이 끊어진 여자를 기억하고 있다 봄까지 목도리

를 두르고 수배자처럼 다니던 여자 Joy-Mart 에서 소금을 환각제처럼 사던 여자 엘리베이터 안에서 목마른 눈초리로 나에게 손짓하던 여자 온몸에 덕지덕지 뜬소문을 달고 다니던 여자 아무도 기억 못하는 여자

난 여자를 지웠다 여자의 편안한 얼굴이 내 기억을 은폐했다 그것이 여자의 죽음을 축하하는 방법이라고 생각했다 아파트는 아무 일도 없다는 듯 그렇게 조용했고 딱딱했던 여자의 집은 헐렁해졌다 비스듬한 반달이 여자를 기억하는 것인지 투신할 준비를 하고 있다

거짓말을 부탁해

부탁해

강대국 형성을 위해 땅을 파고 있는 흔들림이
강도 3.5 지진의 흔들림보다 약하다는
이건 분명한 사실이야

하나를 가진 사람이 또 하나를 갖기 위해
별일 없었다는 듯 교묘하게 웃는 얇은 입술
이건 분명한 사실일 거야

영웅이 되기 위해 한 번쯤은 하늘에서 날고 싶어
85호 날개가 됐다는
이건 분명한 사실이겠지

구석 한 바닥쯤 어딘가에서 흘러들어오는 바닷물에
시멘트를 들이 부어도 상생을 위해 여러분을 위해 애를
쓴다는

이건 분명한 사실일까

뉴스가 되려면 연예가 중계를 꼭 시청해야 하며
던져주는 말言을 낼름 받아먹기만 하면 된다는
시시껄렁한 사실들을 말이야

너에게 이따위 거짓말들을 부탁해

명품전당포

전당포 간판을 봤어요 이름이 명품전당포지요
오른쪽엔 스타벅스 커피전문점이 있구요
왼쪽엔 로얄부동산이 있지요
모름지기 전당포란
허름한 건물 2층 구석 끝 손바닥만 한
공간에 있어야 한다는
고정관념을 비웃는 전당포지요
은근슬쩍 틈새에 끼워진 전당포라 눈에 잘 띄지도 않아요
구경꾼도 없지요
시시한 눈치도 피해 가지요
명품이 아니면 절대 쳐다봐선 안 되는 전당포이지요
철창도 없어요, 상냥한 아가씨가 인사를 하지요
명품전당포는 아무 것이나 받지도 않아요
구찌, 페라가모, 프라다, 알마니, 까르띠에, 버버리 등 명품만 받지요
그리고 사실 대여해 주기도 한답니다

싸구려 모피코트를 가지고 갔다간 봉변당하지요
으리번쩍한 로렉스 시계에 손목이 붙잡혀
이끌려 나오는 머리 벗겨진 저 남자
이제 뻣뻣이 여자와 맞선 볼지도 몰라요
루이비통 핸드백 속에서 빙그르르
춤을 추며 나오는 저 여자
이제 동창회에 나가 실컷 떠들지도 몰라요
자기가 명품이 아니면 안 되는 동네,
기웃기웃 해도 함부로 들어가지 못하는
사실은 명품전당포가 있다는 것도 쉬쉬하거든요
지금 하늘에선 큐빅 같은 눈이 내리고 있네요

허삼둘許三乧 씨네 부엌

기품이고 체통이고 다 무시해버린
여성 생활 위주의 집 한 채가 있다
안음 땅 유일의 부잣집 주인이 여자인 탓에
귀신 양반도 참지를 못했는지
뼈대만 남기고 집을 그을려 놓았다
(중요한 건 부엌은 타지 않았다는 사실이다)
사람이 살지 않는 허삼둘 가옥에
여든이 넘어 보이는 할머니가 땅을 부치고 있다
녹슨 곳간 열쇠처럼 달그락거리는 무릎을 한 손으로 받치고
콩잎을 따고 있었다
할머니는 서울서 구경 온 나에게
호박 한 덩이를 따 주었다
다녀가입시더
다시 오라는 말인지 다신 오지 말라는 말인지

허실허실 웃는 할머니가 허삼둘이 아니었을까

다 타버린 집 부엌마저 타 버릴까
노심초사
장독대 뚜껑을 까실까실한 손으로 훑고
한여름 부엌의 아궁이를 부지깽이로 쑤시고
닳아빠진 부엌 문지방을 넘나들며
부엌을 지키고 있는 것은 아닐까
이제는 필요 없는 짠그랑거리는 열쇠 꾸러미만
할머니의 허리를 지키고 있다
사람이 살지 않는 집은 곧 죽은 집이 된다는
할머니의 말끝에서
굳건히 자리를 지키고 있는 안음 유일의 부잣집
허삼둘 씨네 가손

다녀가입시더
다시 오라는 말인지 다신 오지 말라는 말인지

그들만의 방*

바람이 돌아온다는 그곳에는
그들만이 들어갈 수 있는
방이 있다네

이게 말이나 됩니까?

이건 당연한 차별이고 쓸데없는 모순이라네
그 방에 들어가고 싶어 미칠 지경이라네
그 방에 무엇이 들어차 있는지 궁금하다네

그곳으로 들어가면 머나먼 섬으로 갈 수 있는
구멍이 있는 것인가요
어째서 사이렌 울리는 시간이면 유령처럼 나타나
그들만의 방으로 들어가는 것인가요
그곳에는 시간의 균열이 생겨
용감한 틈이 흐르고 있는 것인가요
산산이 부서지는 돌들의 그림자에게

어떤 비밀의 교지를 전달해 주러 가는 것일까요

어쩌면 그건 그들만의 비밀이라네
어쩌면 그긴 지긋지긋한 날들의 행복을
어쩌면 그건 바람이 돌아올 수 있는 시간을
버는 것이라네

* 강정에서 연행된 사람들만 모아놓은 구치소가 있다는 소문을 들었다. 강정의 이야기가 퍼지지 않도록 하기 위함일지도 모른다고 하였다. 정말일까?

당신에게 할 말이 있네

고양이 발걸음처럼 조용하게
조심조심 사는 것이
친절이 되어버렸네

집 앞 초등학교에서는 체육대회가 한창이네
손바닥만 한 운동장에서 노란 무리들이
이리 쏠리면
와아아아아!
저리 쏠리면
와아아아아!
아이들의 함성이 우리 집 8층 담을 타고 올라오네
방안으로 해일처럼 밀려드네

중력을 잃어버린 것처럼
둥둥 떠다니고 있던 친절한 목소리들이
와아아아아!
그 함성에 바닥으로 쏟아져 내리네

옷장에 갇혀 있던 목소리들이 튀어나오네
바닥에 매복해 있던 목소리들이 튀어오르네
모서리를 둥글고 보드랍게 만들고 있네

여전히 나는 당신에게 할 말이 있네

□ 해설

'오밀조밀 소행성'에서 불어오는 시의 바람은 어떨까

정우영(시인)

유현아 시를 처음 읽고 난 뒤 나는 잠시, 멈칫했다. 왠지 앓을 것 같다는 느낌이 스쳤던 것이다. 물론 어떤 병인(病因)이 시에 담겨 있다가 나를 물들였다는 뜻은 아니다. 그의 시가 내 마음의 어떤 부분을 잠시 들었다 놓았는데, 그때 생긴 틈새가 은근 염려스러웠던 것이다. 최근 내 몸의 기색은 그만큼 예민하다. 봄을 타는 것인가. 어떤 허점이 드러나기만 하면 곧 그 쪽에 기미가 생긴다. 냉기 같은 찬 바람이 실실 불어와 몸 전체를 조여오는 것이다.

아니나 다를까, 몹쓸 감기가 독하게 찾아왔다. 나는 그

자와 다투느라 스무 날 가까이 유현아 시를 밀쳐두었다.

그런데 참 요상키도 하여라. 다시 시를 집어들자, 그의 시가 상당히 살갑게 여겨지는 게 아닌가. 감기가 아닌, 시적 열기가 신열을 들띄웠다. 감기의 신열이 시의 영적인 어떤 부위를 스윽 열어젖힌 것일까. 아니면 신내림 같은 시내림 증세일까.

어찌 됐든 내가 감기로 뜸 들이는 동안 그의 시가 어떤 사념을 발아, 숙성시킨 모양이다. 집중해서 들여다볼 때에는 보이지 않던 여러 정황과 본새가 선명해진다.

나는 맛있는 빵을 앞에 둔 사람처럼 설렌다. 겉은 바삭하고 안은 촉촉한 빵과도 같이 그의 시는 형식과 질감이 독특하다. 단단한 외피 속 부드러운 감성이라고 할까. 툭툭 내지르는 시선 속에 언뜻언뜻 감겨드는 정감이 애틋하다. 시니컬(cynical)함 속 따뜻한 풍자라고 부름직한 시세계가 오롯이 살아 있는 것이다.

이런 사념을 굴리면서 나는 이제 그의 시의 집으로 막 들어선다. 아하, 그런데 당신도 들리는가. 이 슬픈 잔소리?

슬로우 슬로우 퀵퀵
슬로우 슬로우 퀵퀵
오늘 우리 아파트 13층에 기집애가 새로 이사를 왔어요
참 이뻤어요,

단발머리 촐랑거리며 단정한 교복치마 무릎 위까지 접어 올리고
신새벽 관棺같은 엘리베이터 타고 오르락내리락 하는 꼴이 참 이뻤어요
슬로우 슬로우 퀵퀵
작년 여름에도 13층에 사는 기집애가 이사를 왔거든요
개구리 눈마냥 툭 불거진 눈을 부릅뜨고 밤 12시에
참 이상하죠? 엘리베이터를 타고 내려가면 되는데 그 야밤에
베란다 창문을 통해 날아갔다잖아요 아마도 엘리베이터가 타기 싫었나봐요
슬로우 슬로우 퀵퀵
딱 일 년만이었어요 재작년 여름에 13층 기집애가 이사를 온 것은
물에 젖은 빨래처럼 너덜너덜한 모습을 하고
비둘기처럼 날더니 땅을 향해 사뿐히 내리더라구요
슬로우 슬로우 퀵퀵
일 년에 한 번씩 새가 되어 날더니
이젠 6개월에 한 번씩 새가 되더라구요, 정말 지긋지긋해요
화요일엔 분리수거도 해야 하는 날인데 새똥도 치워야 하고

13층 기집애도 6개월에 한 번씩 눈을 마주쳐야 해요
빨간 똥을 치우는 날이면 몸속에서 허연 양잿물이 울컥
튀어 나와요
슬로우 슬로우 퀵퀵
왈츠를 추듯 날아다니는 고놈의 기집애들
우리 아파트 13층에 새로 이사를 왔어요
한숨 섞인 빗자루 들고 그 기집애 보고 있어요
슬_ 로_ 우_ 슬_ 로_ 우_ 퀵_ 퀵

—「활강하는 새들을 위한 잔소리」 전문

이 시대에는 활강하는 새들이 너무 많아 그의 잔소리는 슬프고도 아프다. 아이들은 "일 년에 한 번씩 새가 되어 날더니/ 이젠 6개월에 한 번씩 새가" 된다. 하지만 그 새, 어디로 날아가나. 당신은 아는가. 그 새들 날아 도대체 어디로 가는지.

그는 다소간 비아냥거리는 화자의 시선으로 "슬로우 슬로우 퀵퀵/ 왈츠를 추듯 날아다니는 고놈의 기집애들"을 바라보는 것이지만, 속내로는 통증에 시달린다. 그러므로 그의 시선은 객관적인 거릴 둘 수밖에는 없다. 이런 방식이 아니라면 어찌 제대로 그 순간을 기록할 수 있겠는가. 사회의 부추김으로 상승 욕구에 시달리다가 날선 절망에 사로잡힌 저 아이, 저 새. 저들은 스스로 떨어지는 게 아니다.

떠밀리고 떠밀리다가 정신 헛딛는 것이다. 그런 아이들의 단발마를 누가 차마 정공법으로 바라볼 수 있겠는가. 그런 점에서 나는 그의 이 작법에 동의한다.

그럼에도 불구하고 방기하듯 던져지는 언사들에는 다소 씁쓸하다. 새가 되기 이전의 그 아이,를 더 따뜻하게 껴안아줘야 한다고 보는 것이다. "활강하는 새" 처럼 날아 내리려 하는 아이들을 안아줄 수 있는 건 누구인가. 누가 저 새들을 치유할 것인가. 너인가, 나인가, 아니면 제도인가. 나는 '자각한' 우리들이라고 생각한다. 나로서도 안 되고 너로서도 안 되고 제도로서도 안 된다. '깨어 있는' 우리만이 이 난제를 헤쳐갈 수 있다.

하지만, 이 난제는 물론 금방 풀리지 않을 것이다. "몸속에서 허연 양잿물이 울컥 튀어 나" 올 정도로 아무리 "빨간 똥을 치" 운다 해도, "그 야밤에/ 베란다 창문을 통해 날아" 가는 아이들을 잡아둘 방도는 쉬 찾아지지 않는다. 누군가가 동시에 이 세상을 딱 멈추게 한다면 모를까. 딱 멈추게 하고 바로잡은 뒤 다시 되돌린다면 혹 달라질까. 그러나 지금으로서는 불가항력이다. 이 도저한 흐름 앞에 깨어 있는 자들은 너무나 작다.

그렇다고 해서 손 놓고 있을 것인가. 그는 답한다. "슬로우 슬로우 퀵퀵/ 슬로우 슬로우 퀵퀵" 하라고. 그렇다, 실은 이게 바른 길일지도 모른다. 아이들이 밟아가는 저 발걸음

대로 따라가면 되지 않을까. "단발머리 촐랑거리며 단정한 교복치마 무릎 위까지 접어 올리고" "엘리베이터 타고 오르락내리락 하는" 아이들의 템포를 보라. '퀵퀵퀵!' 이 결코 아니다. "슬로우 슬로우 퀵퀵" 이다. 느리게 느리게 그러나 또 어느 순간 빠르게. 이것이 아이들 스텝이며 우리가 그 또래 아이였을 때 밟았던 스텝이다.

그러니 이제 아이들에게 더 이상 강요하지 말자는 것이다. 너무 빠른 템포는 아이들을 일찍 지치게 한다. 아이들이 원하는 스텝을 아이들에게 돌려줄 때이다. 우리는 너무 오랫동안 이 템포를 잊어버렸다. "슬_ 로_ 우_ 슬_ 로_ 우_ 퀵_ 퀵" 당신과 내가 다시 밟아야 할 우리들의 스텝이다.

(유현아 시집을 맛있게 읽으려면 이 스텝을 꼭 기억하지 않으면 안 된다. 이 스텝은 시집 곳곳에 스며 있다가 마치 환청처럼 튀어나온다. "슬_ 로_ 우_ 슬_ 로_ 우_ 퀵_ 퀵". 당신도 아마 곧 이 스텝에 중독될 것이다.)

그런데 이 경쾌한 스텝이 또 다른 죽음과 만났을 때는 어떻게 될까.

> 무슨 말인가 하고 싶어 뻐끔뻐끔 입만 오물거리던 할머니의 죽음을 본 그날부터 죽음의 소식이 들릴 때마다 괜히 웃음이 나왔다 절대 웃지 않으리라 다짐했다 난 웃음을 잘 피해 다녔지만 가끔 가까운 죽음 앞에서 알게 모르게 입꼬

리가 올라갔다 (왜 그러세요 다 알고 있는 죽음인데 왜 슬퍼요)

난 조심에 조심을 했다 죽음 앞에서의 웃음은 그것이 웃음이었는지 울음이었는지 식별할 수 없을 정도로

나 죽고 난 다음에도 웃을 거냐 (글쎄요 그건 장담할 수 없는데요)

슬픔은 가장 웃길 때 나타나곤 하죠 그럼 이 순간은 웃긴 순간이겠네

난 신 아무개를 잘 알지도 못했고 굳이 장례식장에 가지 않아도 되었고 조의금만 내면 되는 것이었는데 장례식장 그의 아내 앞에서 울음을 왈칵 노해냈다 나의 구멍은 온통 막혀 있어 이제 구멍은 눈뿐인 것처럼 통곡을 했고 사람들은 낯설게 바라봤고 모여들기 시작했다

(혹시 애인이세요 무척 친하셨나봐요 감사해요 울어주셔서)

그래요 완벽한 슬픔의 계산법을 알았어요 당신과 나 사이의 거리만큼을 계산하지 못했어요 객관적 사실만큼의 슬픔만 있으면 되었어요 할머니는 그걸 내게 알려주려 했는지도 몰라요 그 거리를 기억 못해 웃었던 거예요

나는 장례식장에서 가장 슬프게 우는 사람이라고 소문

이 났다

—「슬픔이 웃길 때」 전문

이 시에서 경쾌한 스텝은 웃음으로 전이된다. 그런데 웃음의 성격이 괴이하다. 그는 장례식장의 슬픔 속에서 웃음을 건져 올린다고 한다. 슬픔에는 묘한 전염력이 있어서 늘 쾌활한 사람일지라도 통곡에는 의연해지기 힘들다. 그런데 그는 "죽음의 소식이 들릴 때마다 괜히 웃음이 나왔다"고 쓴다. 죽음이 슬픔 쪽으로 오는 것이 아니라, 웃음 쪽으로 다가온다는 것이다.

그는 광인인가. 무슨 말씀을! 그는 이렇게 말한다. "슬픔은 가장 웃길 때 나타나곤" 한다고. 기쁨이 극점에 이르는 어떤 순간에, 그는 죽음을 맞닥뜨렸던 것이다. 이와 같은 경험을 겪은 뒤, 그에게 죽음은 웃음을 유발하는 각인으로 남는다. 슬픔과 웃음이 도치되어 왜곡되게 자리 잡은 것이다. 자, 그러니 그의 삶이 어찌 되겠는가. 그는 온전한 슬픔을 온전하게 표현할 수가 없게 된 것이다. 온전하게 슬픔을 표현하는 방식은 웃음인데 그랬다간 사회에서 매장되고 말 터이다. 그리하여 그가 찾은 대응방안이 "완벽한 슬픔의 계산법"이다. 그 계산법은, "객관적 사실만큼의 슬픔만 있으면 되"는 "당신과 나 사이의 거리만큼을 계산"하여 대처하는 것이다.

나는 그가 쓴 이 단어에 마음 저린다. 계산. 그렇다, 계산이다. 우리가 현대를 사는 방식은 철저하게 이 계산에서 나온다. 계산 없이 살 수 없는 세상이다. 이 계산이 감정의 울림까지도 조정하는 것이다. 조금 길지만 위의 시 한 장면을 인용해 본다. "난 신 아무개를 잘 알지도 못했고 굳이 장례식장에 가지 않아도 되었고 조의금만 보내면 되는 것이었는데 장례식장 그의 아내 앞에서 울음을 왈칵 토해냈다 나의 구멍은 온통 막혀 있어 이제 구멍은 눈뿐인 것처럼 통곡을 했고 사람들은 낯설게 바라봤고 사람들은 모여들기 시작했다." 거기에 있던 사람들은 생각할 것이다. "(혹시 애인이세요 무척 친하셨나봐요 감사해요 울어주셔서)"라고.

그는 왜 이렇게 울었을까. 계산이다. 이를테면 의례적인 울음인 것이다. 그런데 그의 계산법에 의하면 이와 같은 울음은 가장 슬프지 않은 울음이다. 이후 그는, "장례식장에서 가장 슬프게 우는 사람이라고 소문이" 났는데 이는 철저하게 자신을 숨긴 것이다. 그가 정말 슬프다면 그는 웃어야 하는 사람이기 때문이다. 그런데도 사람들은 그에게서 진실을 본 것 같은 말간 얼굴을 할 것이다. 역설의 슬픔이며 도치된 울음이 아닐 수 없다. 슬픔과 울음이라는 감정의 허위가 통렬해서 아프다.

아파하고 있을 때, 어디선가 "슬로우 슬로우 퀵퀵"이 들려온다. 웃음이든 울음이든 이 스텝을 밟으라는 뜻이겠다.

나도 따라 읊조린다. 슬로우 슬로우 퀵퀵.

그런데 정작 이 스텝을 밟아야 할 존재들은 따로 있다. 하지만 그들은 태생적으로 슬로우 슬로우 할 수 있는 상태가 아니다. 그러다간, 바로 잘릴 것이기 때문이다.

아무도 모른다
나의 꼬리가 조금씩 아주 조금씩
비정규적으로 자라고 있다는 것을
일 년에 한번 계약서에 사인을 할 때마다
내 꼬리는 자라나려고 용을 쓴다는 것을
이런 더러운 퉤, 하고 나오고 싶어도
내 꼬리가 자라는 만큼 딱 그만큼 참는다는 것을

내년엔 혹시
계약서를 입으로 꿀떡 삼키고 나올 수 있다거나
들키지 않기 위해 꼬리를 물고 있을 수도 있다거나
꼬리의 털들이 무럭무럭 피어오를 수 있다는 것을
알 수 있을까

그러면
나의 찬란한 묘기를 보여주며
우왕좌왕 신호등에서 흔들리고 있는 저 사람들의

간담을 서늘하게 훔칠 수 있을까
내 꼬리가 자라면 나는 무거워질 수 있을까

하지만
계약서에 사인을 하는데 꼬리는 거추장스러운 일상일 뿐이고
나는 아무도 모르는 가벼운 여우인 걸
그러니까 제발 누구든 내 꼬리를 훔쳐갔으면 좋겠어

―「가벼운 여우」 전문

알겠는가, 그들이 누군지. 그렇다. 비정규직이다. 비정규직 문제는 우리 사회의 가장 근본적인 모순으로 떠올라 있다. 우리나라 노동자 중 반 이상이 비정규직이라고 한다. 비정규직이라고 부르지만, 신자유주의체제 아래에서는 루저(loser) 집단이라고 규정될 것이다. 일은 정규직과 똑같이 하지만, 임금은 그들의 반 정도밖에는 받지 못한다. 요즘에는 차별대우의 표상이며, 그들은 느닷없이 생존의 벼랑으로 내몰리기도 한다.

유현아는 이와 같은 비정규직 노동자에게 '여우'라는 호칭을 부여하고 있다. 적절할까. 여우라는 단어. '여우'라는 말에서 당신은 무얼 느끼는가. 나는 호의적이지 않다. 약간 부정적인 선입견을 갖고 있다. 여우는 내게로 와서

'사람 해치는 꼬리 몇 달린 구미호' 와 '사람 홀려서 간 빼먹는 여우' 이미지로 가라앉는다. 아, '비열한 시선과 행태' 라는 형상도 있다. 이는 철저히 동화와 만화 덕택이지만, 어쨌든.

그런데 내 호의 여부와는 상관없이 굴욕적이긴 해도 '여우' 라는 말은, 비정규직에 잘 어울려 보인다. 하지만, 그가 가리키는 여우는, '가벼운 여우' 이다. 나는 '가벼운' 에 얹혀 있는 그의 가여운 바람에 서글퍼진다. 그도 잘 알고 있을 것이다. 그가 바라는 '가벼운 여우' 란 세상에 존재하기 어렵다는 것을. 그러므로 그는 읊조린다. "그러니까 제발 누구든 내 꼬리를 훔쳐갔으면 좋겠어"라고. 물론, 꼬리를 훔쳐간다고 해서 여우가 여우 아닌 건 아니고, 정규직처럼 외관 갖춘다고 해서 비정규직이 정규직 되는 건 아닐 것이다. 현사회에서 그것은 존재의 전이만큼 어렵다. 아무리 피하려고 애써도 그가 비정규직인 한, 이는 피할 수 없다. 비정규직은 신자유주의계급사회의 맨 하층이라는 낙인인 것이다. 그러니 "내년엔 혹시/ 계약서를 입으로 꿀떡 삼키고 나올 수 있다거나/ 들키지 않기 위해 꼬리를 물고 있을 수도 있다거나/ 꼬리의 털들이 무럭무럭 피어오를 수 있다는 것을/ 알 수 있을까" 하는 기대는 버리라, 라고 나는 말할 수밖에는 없다.

이처럼 기대를 버리고 언제나 "퀵퀵"으로만 몰려가고

있을 때 들려오는 "슬로우 슬로우 퀵퀵"은 얼마나 서러울까. "기타 등등"으로 사는 그들은 절로 삐저리지 않을까.

날개를 펼치지 않아도 날 수 있죠
회전을 할 때마다 곧게 뻗은 다리가 붕 뜨기 시작하죠
조명이 비추지 않았죠 늘 살짝 비껴가는 걸요
가끔 주인공의 사돈의 팔촌의 팔촌으로 춤을 추기도 하지만
아무도 그녀를 관심 가지고 쳐다보지 않아요
낭만적인 밤에 그녀는 우리를 위해 날았죠
그녀는 주로
이름 없는 바람이거나
아무나 고양이이거나
그밖에 백조이거나

그녀는 땅을 딛고 있을 때가 더 아름다웠어요
사람들은 궁금해 하죠
왜 땅에 발을 딛지 않는 거니
내 발바닥은 찬란한 허공을 좋아하나 봐요
그녀는 낭만적인 대답을 했죠
그녀는 웃어요 화장을 진하게 한 탓인지
눈동자에서 땀이 흐를 때도 있죠

나도 그래요 나도
이름 없는 아무나 회사원이고 그밖에 여러분이니까요
난 그녀를 위해 표를 사죠
그녀는 기타 등등 그밖에 여러분을 위해 춤을 추죠
황홀하고 아름다운 두 발을 날개처럼 곧게 뻗어 하늘로 오르죠
그녀의 조명은 바로 우리들인 거죠
나의 주인공은 바로 그녀인 거죠
요정이 되어 화려한 허공에서 춤을 추는 거죠
나도 그녀와 함께 춤을 추는 거죠

—「기타 등등과 함께 춤을」 전문

'가벼운 여우' 못지않게 유현아의 심중을 반영하는 어휘가 '기타 등등' 이다. 1퍼센트에 의해 돌아가는 세상에서 이땅의 99퍼센트는 '기타 등등' 이다. 얼굴 없는 기타 등등, 존재 가치 없는 기타 등등, "이름 없는 아무나 회사원이고 그밖에 여러분" 인 기타 등등. 틀림없이 비정규직일 이같은 '기타 등등' 이 머물 곳은 어디인가. "땅을 딛고 있을 때가 더 아름다웠" 지만, 기타 등등인 그녀는 땅을 딛지 못한다. 그녀의 "발바닥은 찬란한 허공을" 날고 있다. "황홀하고 아름다운 두 발을 날개처럼 곧게 뻗어 하늘로" 올

라 "요정이 되어 화려한 허공에서 춤을 추는" 것이다. 그녀는 땅에서 더 아름다웠으므로 "사람들은 궁금해" 하며 묻는다. "왜 땅에 발을 딛지 않"느냐고. 이런 무지가 있을까. 딛을 땅이 없으므로 허공을 가르겠지. 그럼에도 "그녀는 낭만적인 대답을" 한다. "내 발바닥은 찬란한 허공을 좋아하나 봐요" 하고. 실은 그녀도 아는 것이다. 그 궁금증에 안타까움이 묻어 있지 않다는 것을. 단지 그냥 아무 뜻 없이 던지는 의례적인 물음일 뿐임을.

물음을 묻는 그가 "기타 등등 그밖에 여러분"인 것처럼 춤을 추는 그녀도 "이름 없는 바람이거나/ 아무나 고양이이거나/ 그밖에 백조"일 따름이다. 이땅에 분명히 존재함에도 불구하고 마치 존재하지 않는 것처럼 익명성으로 살거나 혹은 허공을 날고 있는 사람들. 이땅 무수한 우수마발(牛溲馬勃)들의 비애가 홀연 처연하다.

그런데, 가만. 저 존재감은 또 무엇인가. 나는 시의 마지막 연을 천천히 되새긴다. 춤추는 그녀와 시 속 화자가 한 몸처럼 동일시된다. "그녀의 조명은 바로 우리들"이며 "나의 주인공은 바로 그녀"이고 "나도 그녀와 함께 춤을 추"고 있다. 화자가 그렇게 시 속으로 수렴되는 바로 그 순간, 문득 한 존재가 드러난다. 전체를 아우르는 그밖의 시선이며 이 시의 '무대 밖 시선'인 자(者). 시에서는 전혀 표현되지 않는 그는 이를테면 절대자 같은 시선이다. 시 속 화자가 무대 위로 자리를 옮겨가야만 보이는 그는, 시로 묘사하지 않은 '느낌 속의 시선' 이다.

나는 이 시선의 존재감에 전율한다. 절대적인 혹은 전지적인 이 시선의 등장으로 시는 한껏 서늘해지는 것인데 그런 점에서 이 시는 문제적이다. 화자를 시 속으로 끌어들인 뒤 시 밖의 시선을 드러내 보이는 방식은 상당히 낯설다. 낯설어서 새롭다.

그러나 저 '기타 등등' 을 보라. 새로움과는 상관없이 얼마나 왜소한가. 마치 춤추는 꼭두각시 인형 같지 않은가. 이쯤에 이르러서는 "슬로우 슬로우 퀵퀵"도 통하지 않는다. 유령같이 숨을 도리밖에는 없다.

> 아무도 모르게 컴컴한 좁은 계단을 오르고 두 눈은 흐린 회색으로 깜박거렸지 계단을 오를 때마다 세월의 무게를 툭툭 털었어 비상구 표시가 반짝이는 화살표 반대 방향으로 올라가는 거야 빛이 쏟아지는 영사기 바로 밑 공간이 지정석이야 의자 뒤 푸른 가시들이 박인 웅크린 등, 두 시간 동안 암흑이 유령에겐 행복이야
>
> 환해지면 사라져버리는 휴식 수런수런 이야기가 오고가는 허공 훌쩍훌쩍 먼지처럼 날리는 눈물들

유령에게 중요한 건 영화의 내용이 아닐거야 오직 영화가 길었으면 하는 바람이겠지 대사가 길었으면, 주인공 명命이 길었으면 하는 따위들……

식지 않은 발자국, 소름 돋는 체온, 거추장스런 껍딱지 같은 인연들이 다닥다닥 붙어 있는 좌석들 사이를 빠르게 훔치려면 말이야 막강한 준비운동이 필요해

우툴두툴한 잠이 사라질수록 유령은 여자가 되고 발끝에선 연기가 모락모락 피고 건조한 영화는 눅눅해지고 있어

사람들은 빠르게 비상구 불빛 속으로 사라지고 유령은 서서히 바닥에서 공중으로 뜨고 토막 난 울음들은 바닥에 치밀하게 박혀 있지 이제 청소할 시간이 된 거지?

—「극장 안에 사는 유령을 본 적 있나」 전문

자, 마침내 유령이다. 사람 사는 공간에서는 함께 숨쉴 수 없어 보이지 않는 곳에서 숨어 있다가 사람들 다 떠나가면 나타나는. 마치 그림자 같은. "아무도 모르게 컴컴한 좁은 계단을 오르고" "빛이 쏟아지는 영사기 바로 밑 공간이 지정석"인 그런 유령. "두 시간 동안 암흑"이 오히려 "행

복" 하다는 유령. 그 어디보다 밝은 영사기 아래지만, 그 깊은 그늘에서 그는 두 시간 동안 세상 어디에서도 맛보지 못한 혼자만의 행복을 즐기는 것이다. 빛과 어둠의 막막한 대비가 역설적이다. 역설적인 만큼 서럽다. 누군가는 영화를 보며 "훌쩍훌쩍 먼지처럼 날리는 눈물들"을 흘리지만, 누군가는 "환해지면 사라져버리는 휴식"을 안타까워하며 그 먼지처럼 날리는 눈물 쓸고 닦는다. 감정을 소비하는 자와 감정 소비라는 쓰레기를 청소하는 자의 명암 대비가 극명하다.

나는 그 극명한 대비에 일순 마음 졸아든다. 그래, 음지를 살펴야 해, 하는 계몽의 숨소리도 빼어문다. 그런데 웬걸? 정작 이 시의 화자는 냉정하다. 감정의 고저가 없다. 단지 극장 안 상황극을 전달하는 나레이터처럼 보인다. 나는 감정을 끌어올리다가 주저앉아서 생각한다. 왜 그는 이처럼 감정을 제어하고 있을까. 유령이라서? 아니면 극장이라는 공간의 상징성 때문에? 나는 시의 마지막 연, 마지막 행에서 그 답을 찾는다. "이제 청소할 시간이 된 거지?" 다른 무엇도 아닌, 명징한 현실인식이다. 명징한 현실인식이 그를 냉정하게 이끌어간 것이다. 이 천민자본주의시대 극장 청소부의 본분을 그는 철저히 새기고 있다. 그러니 그에게는 감정마저도 사치일 밖에. 이렇게 생각하고 시를 다시 되돌려 읽자 마치 한 편의 다큐멘터리를 보는 것 같다. 극장의 빛과 그늘이 생생하다.

물론 이 다큐멘터리가 편치는 않다. 그래서 나는 스스로 "슬로우 슬로우 퀵퀵" 읊조린다. 깜깜한 그늘로 숨어든 저 유령에게 위로가 되기를 바라면서, "슬로우 슬로우 퀵퀵."

그러다가 나는 생각한다. 이 모든 불우한 이들에게도 돌아갈 곳은 있을까. 돌아갈 곳은 있어서 어지러운 맘 뉘였다가 다음날 한결 멀쩡해진 눈으로 오늘을 다시 사는 것일까 하고.

오밀조밀 소행성 106동에 사는 별들은 뭉쳐 있지만 떨어져 있다 별들은 해 뜨기 전 연장을 챙겨 닿을 수 없는 안드로메다로 타박타박 날아간다 별들의 하루 일당은 자신을 밝힐 수 있는 빛 조금뿐이다

소행성 106동 입구는 나머지 행성과는 조금 다르다 아주 조금 약간 작은 주차장 약간 작은 엘리베이터 약간 높은 계단 약간 많은 고지서 약간 많은 가래와 바닥의 쓰레기들 그리고 전혀 다른 출입구와 뫼비우스띠로 둘러쳐진 놀이터 안드로메다를 모르는 새끼들은 그렁그렁한 눈망울로 빛을 기다린다 절대 아버지를 기다리는 건 아니다 소행성 탈출할 궁리만 하던 별들은 이제 견고한 대행성 침공할 궁리만 한다

106동 가는 길은 쉽게 찾을 수 없다 겉으로 보기엔 대행성임을 믿어 의심치 않는다 아무도 이 별자리를 알려고 하지 않는다 임대라는 별표가 붙어 있어 그런 것일까 101동에서 105동 안드로메다의 외계인들은 남아돌아가는 빛을 절대 나눠주지 않는다 설령 수많은 빛이 썩어들어 가더라도 구름의 양을 늘리기만 한다

101동부터 106동에 사는 별들이 가끔 수평으로 만나기도 한다 오렌지마트에선 구분할 수 없다 똑같은 가격으로 똑같은 웃음과 똑같은 울음을 나눠가지는 때도 있다 행성은 우주 안에 있고 똑같은 빛이 쏟아질 때도 있다 금을 긋는 것은 별들이 아니다 다만 그럴 것이라 생각할 뿐 행성은 우주와 우주 사이의 우주

가끔 알 수 없는 별빛의 조각들이 안드로메다를 향해 날아가기도 한다

소행성 106동에 사는 별들은 오늘도 여지없이 하루의 일당을 챙겨 별빛 속으로 들어온다 찬란하게

— 「오밀조밀 소행성 106동」 전문

그들에게도 돌아갈 곳은 있다. 이땅의 '가벼운 여우' 들과 유령, 그리고 기타등등은 바로 이곳, '오밀조밀 소행성 106동' 으로 찾아든다. 여기야말로 그들의 쉼터이자, 애잔한 꿈터이다. 그러나 "106동 가는 길은 쉽게 찾을 수 없다." "임대라는 별표가 붙어 있어 그런 것일까." "아무도 이 별자리를 알려고 하지 않는다." 어디 그뿐인가. "101동에서 105동 안드로메다의 외계인들은 남아돌아가는 빛을 절대 나눠주지 않는다. 설령 수많은 빛이 썩어들어 가더라도 구름의 양을 늘리기만" 할 뿐이다. 철저히 소외된 채 숨어 있는 소행성 106동은 "우주와 우주 사이의 우주" 일지도 모른다. 그래서 "소행성 106동 입구는 나머지 행성과는 조금 다르다." 물론 입구만이 다른 것은 아니다. 모든 것들이 "아주 조금 약간" 씩 다르다. "아주 조금 약간 작은 주차장 약간 작은 엘리베이터 약간 높은 계단 약간 많은 고지서 약간 많은 가래와 바닥의 쓰레기들 그리고 전혀 다른 출입구와 뫼비우스띠로 둘러쳐진 놀이터" 가 거기에는 있다. 하지만, 이 '아주 조금 약간' 다른 것이 우주를 나눈다. 소행성과 안드로메다의 거리만큼 차이나는 것이다. 그러나 그렇다고 해서 아예 음지라고 생각해선 안 된다. "소행성 106동에 사는 별들은 오늘도 여지없이 하루의 일당을 챙겨 별빛 속으로 들어" 오는 까닭이다. 그것도 "찬란하게."

나는 이 "찬란하게" 라는 마지막 시어에 주목한다. 이 말은 중의(重意)적이다. 하나는, 냉소적 의미의 '찬란'이다. 하루 일당이 찬란하면 얼마나 찬란하겠나, 의 뜻으로 읽힌다. 다른 하나는, '찬란'의 본뜻 그대로이다. 비록 하루 일당이지만, 빛나는 노동의 대가이므로 찬란하지 않는가, 의 뜻으로 읽을 수 있다. 당신은 어느 쪽으로 이 시의 끝을 열어 놓겠는가.

나는 계몽적이라고 해도 어쩔 수 없이 두 번째의 뜻을 따라 가겠다. 모두 함께 살아가는 도시 속 공간이 아니라, 그들끼리 오밀조밀 살아가는 그곳. 밀려나고 밀려나 어거지로 만들어진 오밀조밀 소행성. 거기에도 이제 어떤 바람이 필요하지 않을까 싶다. 그래야 "그렁그렁한 눈망울로 빛을 기다"리는 새끼들에게도 내일이라는 꿈이 영글지 않겠는가.

나는 이런 면모가 유현아의 숨은 의도라고 여긴다. 내가 이 글 앞에서 밝힌 '단단한 외피 속 부드러운 감성'의 실체이기도 하다. 이와 같은 사례에서 보듯, 겉으로는 감상을 배제하고자 애쓰는 것처럼 비친다. 하지만 느낌으로 전해지는 그의 시 속에는, 감성 충만을 견디어 나간 자의 슬픈 갈무리 같은 게 짙게 감겨 있다. 또한 그는 아픈 현실을 시에 품으면서도 아프다고 호소하지 않는다. 호소라는 행위 자체가 이 시대에는 별반 의미 없음을 이미 체득해서일 것이다. 그는 오히려 의연한 척, 드센 척 사람들과 만나고 사물들과 호흡한다. 그의 시가 일견 담대해 보이는 건 이 때문이다.

그러나 나는 안다. 그가 이 담대함의 이면에 얼마나 다감한 위로를 풀어놓고 있는지. 차별과 빈부의 착종된 현실을 냉철하게 직시하면서도 그의 시 그늘은 결코 칙칙하지 않다. 어둔 그늘이 아니라 밝음을 내장한 그늘이다. 나는 이 그늘에서 또 다른 열린 시의 가능성을 발견한다. 「오밀조밀 소행성 106동」에서 보는 것과 같은 담대한 시적 확장을 그가 지속하기를 바란다. 우리 시의 새로운 진원지는 '오밀조밀 소행성' 에서 불어오는 바람일 것이다.

애 지 시 선